JOHN C. MAXWELL

LAS 17 LEYES INCUESTIONABLES DEL TRABAJO EN EQUIPO

GRUPO NELSON
Una división de Thomas Nelson Publishers
Desde 1798

NASHVILLE   DALLAS   MÉXICO DF.   RÍO DE JANEIRO   BEIJING

Traducción: Ricardo Acosta
Adaptación del diseño al español: Grupo Nivel Uno, Inc.

ISBN: 978-0-88113-739-2

Edición revisada por Lidere

www.lidere.org

Impreso en Estados Unidos de América

09 10 11 12 BTY 18 17 16 15

CONTENIDO

1. LA LEY DE LO TRASCENDENTAL   1

Uno es demasiado pequeño como para pretender hacer grandes cosas

¿Cuál es su sueño? Para Lilly Tartikoff es curar el cáncer. Ella no es científica ni necesita serlo. Todo lo que necesita es conocer la Ley de lo Trascendental.

2. LA LEY DEL CUADRO COMPLETO   16

La meta es más importante que la participación individual

¿Qué es lo que motiva a un ex presidente de Estados Unidos a recorrer el país en autobús, dormir en un subterráneo y trabajar con sus manos durante una semana? La respuesta es posible encontrarla en la Ley del Cuadro Completo.

3. LA LEY DE LA ESPECIALIZACIÓN   30

Cada jugador tiene un lugar donde dar lo mejor de sí

Si usted fuera un líder del mundo libre, ¿cómo decidiría qué trabajo dar a alguien que puede realizarlos todos con calidad, incluyendo el suyo? Si quiere que todos sean unos triunfadores, entonces tendrá que usar la Ley de la Especialización.

4. LA LEY DEL MONTE EVEREST   45

A medida que el desafío crece, la necesidad de un trabajo en equipo aumenta

Tenzing Norgay y Maurice Wilson eran ambos unos escaladores experimentados que usaban el equipo correcto. Entonces, ¿por qué uno de ellos murió en la montaña mientras que el otro la conquistó? Solo uno de ellos conocía la Ley del Monte Everest.

5. LA LEY DE LA CADENA   62

Todo equipo es tan fuerte como lo es su eslabón más débil

¿Importa si mil de sus empleados están haciendo un excelente trabajo pero solo uno de ellos comete un error? Solo pregunte a la compañía que tuvo que pagar más de 3 mil millones de dólares por daños y se vio atrapada por la Ley de la Cadena.

6. LA LEY DEL CATALIZADOR   78

Los equipos triunfantes tienen jugadores que hacen que las cosas sucedan

¿Qué haría usted si el 31 de diciembre se acercara rápidamente y sus vendedores estuvieran muy por debajo de las metas propuestas para el año? Dave Sutherland puede decírselo: Su equipo alcanzó las metas porque él vivió siempre según la Ley del Catalizador.

7. LA LEY DE LA BRÚJULA   94

La visión da confianza y dirección a los miembros del equipo

Cuando Abby Kohnstamm comenzó a trabajar para la IBM, descubrió que la compañía que había marcado la pauta en la innovación en los negocios norteamericanos durante la mayor parte del siglo XX estaba desorientada y perdiendo miles de millones de dólares al año. ¿Por qué? La respuesta puede encontrarse en la Ley de la Brújula.

Esperaban aplastar a la competencia. Tenían el talento y la ambición para ganar. Pero en lugar de eso, se auto destruyeron. Si solo hubiesen conocido la Ley de la Manzana Podrida.

Quizás en su organización las personas no se mueran cuando alguien comete un disparate. Pero sí puede ocurrir que alguien muera, debido a un error, en este tipo de negocio familiar. Por eso es que la Ley de la Confiabilidad es tan importante para ellos.

Pudieron haber sido el negocio de ventas al por menor más grande del mundo. En lugar de eso se vieron obligados a cerrar sus puertas después de 128 años en el negocio. ¿Por qué? Los líderes estaban pagando el precio por ignorar la Ley del Precio.

Miles de compañías de ventas por Internet han fracasado. Algunas que han tenido «éxito» siguen esperando tener ganancias. Pero esta compañía se mantiene ganando, creciendo y haciendo dinero. ¿Por qué? Porque ellos siempre han tenido en cuenta la Ley del Marcador.

12. LA LEY DE LA BANCA DE APOYO 168

Los grandes equipos tienen mucha fuerza colectiva

¿Quién es, por lo general, el jugador más valioso de una organización? ¿El principal ejecutivo? ¿El presidente? ¿El jefe de ventas? ¿Creería si le dijera que puede ser alguien del departamento de recursos humanos? Creería si conociera la Ley de la Banca de Apoyo.

13. LA LEY DE LA IDENTIDAD 185

Los valores compartidos definen al equipo

¿Cómo puede lograr que miles de personas se sientan entusiasmadas de trabajar en una bodega de almacenamiento usando ropa color anaranjado brillante y proveyendo para cada necesidad de los clientes? Bernie Marcus y Arthur Blank lo hicieron al levantar su compañía sobre el fundamento de la Ley de la Identidad.

14. LA LEY DE LA COMUNICACIÓN 200

La interacción aviva la acción

El equipo tuvo diez líderes en diez años. Los empleados estaban desanimados y amargados y la compañía se estaba debilitando económicamente. ¿Cómo fue que Gordon Bethune pudo salvar a esta aerolínea de la hecatombe? Empezó a usar la Ley de la Comunicación.

RECONOCIMIENTOS

Cada libro que escribo es un trabajo de equipo. Y este no es la excepción. Quisiera agradecer a las personas que me ayudaron a crear *Las 17 leyes incuestionables del trabajo en equipo*.

El equipo INJOY que me ayudó a reflexionar sobre las leyes y a pulirlas.

Margaret Maxwell, mi esposa, mi mejor amiga y mi compañera número uno,

quien me dio sugerencias excelentes mientras trabajábamos en el libro.

Linda Eggers, que siempre está atendiendo a todos los detalles de mi vida.

Kathie Wheat, que hizo una tremenda investigación para el libro.

Stephanie Wetzel, que refinó el manuscrito al leer y editar cada palabra.

Charlie Wetzel, cuyo escrito extiende mi influencia alrededor del mundo.

INTRODUCCIÓN

De alguna manera, cada día usted forma parte de algún equipo. La pregunta no es: «¿Participará en algo que involucre a otros?» La pregunta es: «¿Se involucrará con otros para tener éxito?» La respuesta podrá encontrarla en este libro.

Todos sabemos que trabajar en equipo es algo bueno; más que bueno, ¡es esencial! ¿Pero cómo se logra esto? ¿Qué es lo que hace que un equipo tenga éxito? ¿Por qué algunos equipos ascienden rápidamente a las cumbres más altas del éxito y ven cómo su visión se hace realidad, mientras que otros parecen no ir a ninguna parte?

Estas son preguntas que no tienen una respuesta fácil. Si así fuera, los deportes tendrían más campeones mundiales y la lista de las compañías de Fortuna 500 nunca cambiaría por más años que pasen.

Uno de los desafíos de aprender acerca del trabajo en equipo es que aun las personas que han llevado equipos a los niveles más altos en sus respectivos campos, a veces tienen que enfrentar la dura tarea de poner su dedo en el punto que separa a un gran equipo de una colección de individuos que no logran funcionar unidos. Alguien quizás diga que la clave del triunfo es un fuerte trabajo ético. ¿Pero no ha conocido usted a muchas personas que trabajan muy duro de forma individual pero que nunca se unieron para alcanzar su potencial plenamente? Otros creen que los grandes equipos surgen de una buena química. Dicen: «No puedo explicar cómo lo creas, pero definitivamente lo reconozco cuando lo veo». ¿Cómo aprender de eso para establecer *su propio* equipo?

Como un comunicador que pasa cada año horas incontables hablando a audiencias vivas, siempre estoy buscando las vías más directas para enseñar verdades complejas. Eso es lo que hace un comunicador: tomar algo complicado y hacerlo sencillo. En 1998 escribí *Las 21 leyes irrefutables del liderazgo*. Mi deseo era compartir lo que he aprendido a lo largo de tres décadas de trabajar en el campo del liderazgo de las personas. Las reacciones fueron abrumadoras: El libro pasó a ocupar la lista de los más vendidos del *New York Times*, el *Wall Street Journal, Business Week* y el mercado de la CBA [Asociación de libreros cristianos, por sus siglas en inglés]. Estoy profundamente agradecido por esto. Pero más importante que eso, durante los últimos años en que he enseñado las leyes a través de Estados Unidos y en cinco continentes, he tenido la alegría de ver a las personas conectarse con las leyes, aplicarlas a sus vidas y mejorar su liderazgo. Aprender las leyes cambió sus vidas, y en cuanto a mí, me di cuenta que tenía un tremendo recurso para enseñar liderazgo.

Mi deseo es hacer de la formación de equipos algo tan sencillo como recibir, retener y poner en práctica el liderazgo. Quiero desentrañar el misterio de esto. Por eso es que he trabajado duro para identificar las leyes del trabajo en equipo. Lo bueno de una ley es que se puede depender de ella. Sea usted quien sea, sea cual fuere su trasfondo o sean cuales fueren las circunstancias que está enfrentando, es posible beneficiarse de las leyes.

Mientras aprende de estas leyes se va a dar cuenta que a menudo me acerco al asunto del trabajo en equipo desde el punto de vista del líder, lo que tiene su importancia ya que los líderes son quienes mantienen al equipo unido y lo llevan al triunfo. Pero usted no tiene necesariamente que ser un líder para beneficiarse de este libro. Casi todo lo que usted hace depende del trabajo en equipo. No importa si usted es un líder o un seguidor, un jugador o el entrenador, un profesor o un estudiante, un hijo o un padre, un alto ejecutivo o un trabajador voluntario de una organización caritativa. No importa quién sea usted, si aprende y aplica las leyes, su capacidad como parte de un equipo de trabajo aumentará. Mientras más grande sea el número de leyes que sus compañeros de equipo aprenden, más posibilidades hay de que se transformen de un grupo de personas en un equipo triunfador.

Los equipos vienen en todas formas y tamaños. Si usted está casado, usted y su esposo o esposa forman un equipo. Si está empleado por una organización, usted y sus colegas son un equipo. Si ayuda a veces como voluntario, usted y los demás colaboradores son un equipo. Como Dan Devine dijo, bromeando: «Un equipo es un equipo, un equipo. Shakespeare lo dijo muchas veces». Aunque el gran dramaturgo no haya dicho exactamente eso, el concepto no deja de ser verdad. Por eso es que el trabajo en equipo es tan importante.

En una reciente conferencia que estaba dictando, un joven líder que recién comenzaba a ejercer su liderazgo se acercó y me dijo:

—Señor Maxwell, ¿cuál es la única cosa que necesito saber sobre el trabajo en equipo?

—¿Una cosa? —le respondí—. Esa no es tarea fácil.

—Sí —él insistió—, solo necesito empezar. Por eso quiero solo aquello que es más importante.

—¡Está bien, si insiste! —repliqué—. La única cosa que usted necesita conocer sobre el trabajo en equipo es que hay más de una cosa que necesita conocer sobre el trabajo en equipo.

Al principio, me miró sin apariencia de haber entendido. Luego se mostró un poco molesto. Pero después de eso, pude ver en sus ojos una repentina comprensión.

—¡Ah, ya entiendo! —me dijo con un tono convincente—. Es un proceso. Muy bien, muy bien. Estoy listo para comenzar. Tomaré el tiempo necesario para aprender.

Quiero animarlo a que haga lo mismo: que se entregue al proceso de aprender a ser un miembro valioso de un equipo y a cómo organizar un equipo. Al leer sobre las leyes del trabajo en equipo y empezar a aplicarlas, creo que va a encontrar que tienen un impacto positivo en cada aspecto de su vida. Al hacerlo, recuerde también esto: Ninguna de las leyes es algo aislado, sino que juntas funcionan realmente bien. Mientras más leyes aprenda, mejor llegará a ser.

Disfrute de este proceso, ponga todo su empeño y no olvide nunca que no importa lo que quiera hacer en la vida, un trabajo en equipo hará que el sueño se haga realidad.

LA LEY DE LO TRASCENDENTAL

Uno es demasiado pequeño como para pretender hacer grandes cosas

S abe quienes son sus héroes. Quizás usted no tenga «héroes». Si es así, entonces permítame hacerle esta otra pregunta: ¿A quién admira más? ¿A quién le gustaría parecerse más? ¿Qué personas lo emocionan y hacen que su corazón se acelere? ¿Admira a:

- Empresarios innovadores como Jeff Bezos, Fred Smith o Bill Gates,

- Grandes deportistas como Michael Jordan, Marion Jones o Mark McGwire,

- Genios creadores como Pablo Picasso, Buckminster Fuller o Wolfgang A. Mozart,

- Ídolos de la cultura pop como Madonna, Andy Warhol o Elvis Presley,

- Líderes espirituales como Billy Graham, John Wesley o la Madre Teresa,

- Líderes políticos como Alejandro el Grande, Carlomagno o Winston Churchill,

- Gigantes de la industria fílmica como D. W. Griffith, Charlie Chaplin o Stephen Spielberg,

- Arquitectos e ingenieros como Frank Lloyd Wright, los Hermanos Starrett o Joseph Strauss,

- Pensadores revolucionarios como Madame Curie, Thomas Edison o Albert Einstein?

O quizás su lista incluye a personas en un campo que no mencioné.

No hay problema en afirmar que todos admiramos a los que triunfan. Admiramos especialmente a los aborígenes que estaban aquí antes que llegaran los conquistadores, a aquellos luchadores solitarios que no se dejaron acobardar por las circunstancias o la oposición, a los fundadores que fueron estableciendo pueblos y ciudades en medio de la selva, a los representantes de la ley que luchan por mantener la paz en nuestros pueblos, a los pilotos que valientemente vuelan solos a través del Océano Atlántico, a los investigadores que pasan su vida trabajando en la soledad de su laboratorio o a los científicos que cambian el mundo a través del poder de sus mentes.

EL MITO DEL LLANERO SOLITARIO

Por más que admiremos a los triunfadores solitarios, la verdad es que nadie ha podido hacer solo algo de valor. La creencia que una persona sola puede hacer algo grande es un mito.

No existen los Rambos reales que derrotan, solos, a un ejército hostil. Incluso el Llanero Solitario no fue, en realidad, un solitario. ¡Adonde iba, iba con su Tonto!

Jamás alcanzó nada de relevancia una persona que actúa por sí sola. Daniel Boone tenía el apoyo de la gente de la Compañía Transilvania mientras se lucía en los caminos solitarios. El jefe Wyatt Earp tuvo a sus dos hermanos y al Doc Holiday velando por él. El aviador Charles Lindbergh tenía el respaldo de nueve comerciantes de St. Louis y los servicios de la Compañía Aeronáutica Ryan que construyó su aeroplano. Incluso Albert Einstein, el científico que revolucionó

> *La creencia que una persona sola puede hacer algo grande es un mito.*

el mundo con su Teoría de la Relatividad, no trabajó en aislamiento. De lo que debía a otros, en cierta ocasión Einstein dijo: «Muchas veces en el día me doy cuenta de cuánto mi propia vida externa e interna se levanta sobre el trabajo de los colegas, tanto vivos como muertos y con cuántas ansias debo esforzarme para retribuir tanto como he recibido». La historia de Estados Unidos, como la de los demás países, está marcada por los logros de muchos dirigentes firmes y personas innovadoras que se arriesgaron. Pero esas personas siempre fueron parte de un equipo.

El economista Lester C. Thurow dijo:

En la historia, cultura o tradiciones de Estados Unidos no hay nada que se contradiga con los equipos de trabajo. Los equipos fueron importantes en la época en que vagones y trenes conquistaron el Oeste, cuando los hombres trabajaban juntos en las líneas de ensamblaje en la industria estadounidense que conquistó el mundo. Una estrategia nacional exitosa y una gran cantidad de equipos de trabajo lograron que Estados Unidos fueran los primeros en llegar a la luna (y, hasta aquí, los últimos). Pero la mitología estadounidense exalta únicamente al individuo: Aquí, hay salones de la fama para casi cualquier actividad concebible, pero en ninguna parte se levantan monumentos para honrar a los equipos de trabajo.

Debo decir que no estoy de acuerdo con todas las conclusiones a que llega Thurow, por ejemplo, después de haber visto en Washington, D. C. el monumento a los soldados plantando la bandera de Estados Unidos en Iwo Jima. Pero en algo él tiene razón. Los equipos son y han sido siempre fundamentales en la construcción de este país. Y lo mismo se puede decir de casi cada país alrededor del mundo.

LA IMPORTANCIA DEL TRABAJO EN EQUIPO

Un proverbio chino dice que «detrás de un hombre talentoso, siempre hay otro hombre talentoso». La verdad es que en el corazón de toda gran conquista hay un equipo. La cuestión no es si los equipos son importantes, sino si reconocemos que lo son y nos esforzamos por llegar a ser los mejores miembros del equipo. Por eso es que yo digo que uno es demasiado pequeño como para pretender hacer grandes cosas. Solo, usted no puede hacer nada *realmente* importante. Esa es la Ley de lo Trascendental.

Lo desafío a que piense en un solo hecho de verdadera trascendencia en la historia de la humanidad que haya sido llevado a cabo por un ser humano solo. No importa lo que usted nombre, siempre encontrará que involucrado en tal cosa, ha estado un equipo. Por eso fue que el Presidente Lyndon Johnson afirmó: «No hay problema que no podamos resolver juntos, y muy pocos que podamos resolver por nosotros mismos».

> *«No hay problema que no podamos resolver juntos, y muy pocos que podamos resolver por nosotros mismos».*
>
> —LYNDON JOHNSON

C. Gene Wilkes, en su libro *Jesus on Leadership*, dice que el poder de los equipos no es evidente solo en el mundo moderno de los negocios sino que hay toda una historia que halla su ilustración en la Escritura. Lo explica así:

- Los equipos hacen participar a más gente, lo cual proporciona más recursos, ideas y energía que cuando se trata de una sola persona.

- Los equipos elevan el potencial del líder y atenúan sus debilidades. En los individuos, lo fuerte y lo débil están más expuestos.

- Los equipos proveen múltiples perspectivas sobre cómo satisfacer una necesidad o alcanzar una meta ya que intentan diversas alternativas para cada situación. Los recursos del individuo para hacer frente a un problema rara vez son tan amplios y eficaces como los de un grupo.

- Los equipos comparten los créditos por las victorias y las responsabilidades por las derrotas. Esto favorece la humildad genuina y la comunidad auténtica. Los individuos ganan las alabanzas y sufren las derrotas solos. Esto favorece el orgullo y a veces permite que se desarrolle un sentimiento de fracaso.

- Los equipos hacen que los líderes den cuenta de las metas. Las personas que trabajan solas pueden cambiar las metas sin mayor responsabilidad.

- Los equipos pueden simplemente hacer más que una persona sola.

Si usted quiere desarrollar todo su potencial o lanzarse a una tarea aparentemente imposible (tal como comunicar su mensaje 2000 años después que se haya ido), necesita transformarse en miembro de un equipo. Esta puede ser una frase hecha, pero no deja de ser una gran verdad: Los juegos los juegan los individuos, pero los campeones son los equipos.

¿POR QUÉ PERMANECEMOS SOLOS?

A pesar de todo lo que sabemos sobre el potencial de los equipos, ¿por qué será que hay personas que insisten en hacer las cosas solas? Creo que las razones son varias:

1. El ego

Pocas personas están dispuestas a admitir que no lo pueden hacer todo, pero esa es la realidad de la vida. Los superhombres o las supermujeres no existen. Kerry Walls, uno de los miembros de mi equipo en el Grupo INJOY dice: «Hacer girar más platos sobre una varilla no aumenta su talento sino que aumenta su probabilidad de que se le caiga alguno». Por eso, la pregunta no es si usted puede o no hacer algo, sino cuánto tiempo le tomará darse cuenta que no puede.

> *Los equipos de trabajo surgen cuando usted empieza a pensar en «nosotros» en lugar de en «mí».*

El filántropo Andrew Carnegie comentó: «Es un gran paso adelante en su desarrollo cuando usted acepta que otras personas pueden ayudarle a hacer un mejor trabajo del que podría hacer solo». Si quiere hacer algo realmente grande, entonces despójese de su ego y dispóngase a ser parte de un equipo.

2. Inseguridad

En mi trabajo con líderes he encontrado que una de las razones por la que muchos individuos no promueven el trabajo en equipo es porque se sienten amenazados por los demás. Es probable que el estadista florentino del siglo dieciséis, Nicolás Maquiavelo, haya llegado a la misma conclusión, lo que lo llevó a escribir: «El primer método para medir la inteligencia de un gobernante es observar las personas que le rodean».

Yo creo que es la inseguridad, más que un juicio deficiente o la falta de inteligencia, la que hace que los líderes con frecuencia se rodeen de gente débil. Como lo digo en *Las 21 leyes irrefutables del liderazgo*, solo los líderes seguros otorgan poder a otros. Esta es la Ley del Otorgamiento de Poderes. Por otro lado, por lo general los líderes inseguros no forman equipos. Casi siempre, esto ocurre debido a dos razones: o necesitan mantener el control de todo lo que se ha puesto bajo su cuidado, o tienen miedo de ser reemplazados por alguien más capaz. En cualquiera de los dos

> *«No solo deberíamos usar todos los cerebros que tenemos, sino que deberíamos pedir prestados todos los que podamos».*
>
> —WOODROW WILSON

casos, los líderes que no promueven el trabajo en equipo socavan su propio potencial y erosionan los mejores esfuerzos de las personas con las cuales trabajan. Deberían beneficiarse del consejo del Presidente Woodrow Wilson, quien dijo: «No solo deberíamos usar todos los cerebros que tenemos, sino que deberíamos pedir prestados todos los que podamos».

3. Ingenuidad

El asesor John Ghegan mantiene sobre su escritorio un letrero que dice: «Si tuviera que volverlo a hacer, pediría ayuda». Esa interesante observación representa el sentimiento del tercer tipo de persona que no establecen equipos. Ingenuamente subestiman lo difícil que es alcanzar grandes logros. Como resultado, tratan de caminar solos.

Algunas personas que estuvieron en este grupo al final cambiaron de idea. Esto ocurrió cuando descubrieron que sus sueños eran más grandes que sus capacidades y se dieron cuenta que solos no lograrían nada. Entonces cambiaron. Usaron como fórmula para alcanzar sus metas el establecer equipos. Pero algunos aprenden la verdad cuando es demasiado tarde, y como consecuencia nunca logran sus metas. Esto es un fracaso.

4. Temperamento

Finalmente, algunas personas no son lo suficientemente inquietas y simplemente no piensan en términos de crear y participar en equipos. Cuando enfrentan desafíos, nunca se les ocurre integrar a otros para lograr algo.

Como persona, para mí es difícil pensar en tales términos. Sea cual fuere el desafío que se me presenta, lo primero que pienso es a quién podría buscar para que haga equipo conmigo y me ayude. He actuado así desde que era un niño. Siempre he pensado: *¿Por qué andar solo cuando es posible invitar a otros para que vayan conmigo?*

> «Se sabe positivamente que se logran más y mejores resultados trabajando con otros que contra otros».
>
> —DR. ALLAN FROMME

Entiendo que no todos actúan de esta manera. Pero es realmente irrelevante si usted tiene o no la inclinación natural a ser parte de un equipo. Si hace todo lo que hace solo y nunca participa con otras personas, está creando grandes barreras a su propio potencial. El doctor Allan Fromme lo expuso de esta manera: «Se sabe positivamente que se logran más y mejores resultados trabajando con otros que contra otros». ¡Qué afirmación! Son los equipos los que hacen *cualquier cosa* de valor duradero. Además, aun la persona más introvertida en el mundo puede aprender a disfrutar de los beneficios de ser parte de un equipo. Y esto es verdad incluso cuando lo que se quiere lograr no es algo excepcionalmente grande.

Hace algunos años, mi amigo Chuck Swindoll escribió algo en *The Finishing Touch* que resume la importancia de los equipos de trabajo. Dijo:

> Nadie es un equipo completo … Nos necesitamos unos a otros. Usted necesita a alguien y alguien necesita de usted. No somos islas. Para hacer «que la vida funcione» tenemos que descansar y apoyar. Relacionarnos y responder. Dar y recibir. Confesar y perdonar. Alcanzar, abrazar y confiar … Como ninguno de nosotros es un todo, independiente y autosuficiente, capaz de todo, todopoderoso, dejemos de actuar como si lo fuéramos. La vida es demasiado sola para que juguemos ese papel tan tonto. El juego se ha terminado. Vamos a vincularnos.

Para la persona que está tratando de hacerlo todo sola, el juego definitivamente ya ha terminado. Si usted quiere hacer algo realmente grande, vincúlese con otros. *Uno es demasiado pequeño como para pretender hacer grandes cosas.* Esa es la Ley de lo Trascendental.

LA DIFERENCIA SE PUEDE VER

Cuando usted observa la forma en que las personas conducen sus vidas, muy pronto puede saber quién reconoce y abraza la verdad de la Ley de lo Trascendental. Esto es absolutamente verdad en la vida de Lilly Tartikoff. No sé si Lilly reconoció siempre el valor del trabajo en equipo, pero sospecho que lo aprendió muy temprano ya que fue una bailarina profesional de ballet. Si los bailarines no trabajan en equipo, entonces su calidad profesional nunca alcanzará los niveles a los que llegó la de Lilly. Comenzó a los siete años de edad y pasaba diez horas diarias, seis días a la semana practicando o haciendo presentaciones de ballet. Como resultado de todo eso, fue miembro desde 1971 hasta 1980 de la compañía de Ballet de la Ciudad de Nueva York.

En 1980, en una fiesta de tenis en Los Ángeles, Lilly conoció a Brandon Tartikoff, el recientemente nombrado presidente de Entretenimiento para la NBC. En ese tiempo, a los treinta años, Brandon era el presidente más joven en la historia de la red. Pronto se hicieron amigos. Y luego se empezaron a ver románticamente. Se casaron en 1982. Eso dio inicio a una vida completamente nueva para Lilly. Pasó de ser una desconocida televidente a la esposa de un ejecutivo de la red, inmerso en el ambiente de la industria del entretenimiento en Los Ángeles. Pero ese cambio no fue nada comparado con el otro reto que ella enfrentó ese año. Por segunda vez en su vida, a Brandon se le diagnosticó el mal de Hodgkin.

CIENCIA MARAVILLOSA

Por consejo de un médico amigo, Brandon fue a ver a un joven investigador en Oncología de la Universidad de California en Los Ángeles, UCLA, de nombre Denny Slamon. En agosto de 1982, el Dr. Slamon inició dos tipos de tratamiento para Brandon uno de los cuales era experimental. El plan era que Brandon tomara el tratamiento el viernes, después de lo cual Lilly debía transportarlo a casa y cuidarlo durante el fin de semana mientras sufría de horribles efectos secundarios. Estuvieron así durante un año, tiempo en el cual Brandon siguió desempeñándose como presidente de la red. Fue un tiempo difícil para ellos, pero optaron por enfrentar el cáncer como un equipo. Con el tiempo, Brandon se recuperó.

Como consecuencia de esa dura experiencia, ocurrieron muchas cosas. Por un lado, la NBC pasó de la peor ubicación en las encuestas al primer lugar. En su autobiografía, Brandon escribió: «El cáncer ayuda a ver las cosas más claramente. La enfermedad, como he comprobado, puede realmente *ayudarle* en su trabajo y para ello hay una razón muy simple: No hay nada como el cáncer para mantenerlo concentrado en lo que es verdaderamente importante».[1] Esa concentración le permitió lanzar algunos de los programas más populares en la historia de la televisión: *The Cosby Show, Cheers, Hill Street Blues, Miami Vice, The Golden Girls, The A-Team, St. Elsewhere,* y otros.

Para Lilly, sin embargo, los resultados fueron diferentes. Una vez que el mal de Hodgkin hubo sido erradicado del cuerpo de su esposo, ella simplemente no se quedó ahí.

«Brandon había terminado de recibir la ayuda maravillosa de la ciencia», expresó. La investigación médica que había extendido la vida de Brandon la intrigaba. Así es que cuando tuvo oportunidad de ayudar a otros para que se beneficiaran de la misma ciencia, no pudo decir que no. Eso ocurrió en 1989 cuando el Dr. Dennis Slamon, el científico de la UCLA que había tratado a Brandon siete años antes, le pidió ayuda.

Nadie puede hacerlo solo

Durante años él había venido estudiando el cáncer del seno, y creía que estaba a punto de desarrollar un tratamiento nuevo y radical que podría no solo ser más efectivo en el tratamiento de la enfermedad que todo lo hasta entonces desarrollado, sino que podría hacerlo sin los normales efectos secundarios de la quimioterapia. Él tenía la experiencia y las habilidades necesarias para hacer el trabajo, pero no podría hacerlo solo. Necesitaba a alguien que le ayudara a conseguir fondos. Y pensó en Lilly. Ella se sintió feliz de poder cooperar.

El plan que desarrolló mostró gran identificación con la idea de los equipos de trabajo y las relaciones estratégicas. En el pasado, Lilly había trabajado como consejera de belleza para Max Factor, inicialmente conectada a Revlon. Ella intentó poner a Ronald Perelman, alto ejecutivo de Revlon, junto al Dr. Slamon. Al principio no fue fácil, pero una vez que Perelman se convenció del potencial de la investigación de Slamon, prometió 2.4 millones de dólares para el trabajo del científico, sin ninguna cláusula restrictiva. Fue una relación diferente a cualquiera otra que se haya hecho antes. El resultado fue la creación del Programa de investigación del cáncer en las mujeres de Revlon/UCLA y un nuevo tratamiento exitoso para el cáncer que pronto empezó a salvar la vida de las mujeres.

UNA MUESTRA DE TRABAJO EN EQUIPO

Para Lilly, cofundar el programa de investigación fue solo el comienzo. Había tenido una muestra de lo que puede hacer el trabajo en equipo y estaba ansiosa de mucho más. Rápidamente se dio cuenta que podía incorporar a otros a su causa. Podría formar un gran equipo y para lograrlo usaría sus conexiones con el mundo de los negocios de entretenimiento. Ese mismo año estableció un baile anual en Hollywood llamado *Fire and Ice Ball* para levantar fondos. Unos pocos años más tarde amplió su círculo, se asoció con la Fundación de la Industria del Entretenimiento (Entertainment Industry Foundation, EFI) y creó la Carrera/Caminata Revlon, primero en Los Ángeles y luego en Nueva York. Hasta ese momento, estas actividades habían recaudado más de 18 millones de dólares para la investigación del cáncer. Y en 1996, ayudó a crear la Alianza Nacional para la Investigación del Cáncer en la Mujer (National Women's Cancer Research Alliance).

Lamentablemente, en 1997, el cáncer de su esposo volvió a presentarse por tercera vez y le quitó la vida. Brandon tenía 48 años de edad cuando falleció. A pesar del revés sufrido, Lilly continúa formando equipos para luchar contra el cáncer. Hace poco, cuando conoció a Katie Couric, quien había perdido a su esposo por cáncer en el colon, Lilly se sintió nuevamente inspirada a la acción. Con la ayuda de Couric y de la EIF, en el año 2000 formó la Alianza Nacional para la Investigación del Cáncer Colorectal.

«Cuando me senté con Katie», recuerda, «y oí que con un diagnóstico temprano es posible revertir el cáncer para hacer que literalmente el noventa por ciento de los casos sea curable y prevenible, fue como poner un bistec frente a un perro con hambre ... Pensé, lo vamos a hacer. Así es que reuní a todos mis colaboradores: la Fundación de la Industria del Entretenimiento y el doctor. Slamon ... Y el doctor Slamon trajo consigo una agenda y una misión ... Así nació la Alianza Nacional para la Investigación del Cáncer Colorectal. Ustedes no tienen una idea de cuán emocionante y agradable es esto».[2]

Cuando se observa la increíble e importante labor de Lilly Tartikoff y sus asociados tratando de luchar contra el cáncer, resulta obvio que algo así no lo puede hacer una sola persona. Pero ocurre lo mismo en cada cosa importante que se quiera hacer. Si es importante, entonces se requiere de un equipo. Eso es algo que Lilly entendió, puso en acción y ahora practica cada día. *Uno es demasiado pequeño como para pretender hacer grandes cosas.* Esta es la Ley de lo Trascendental.

PENSAMIENTO DEL EQUIPO DE TRABAJO

¡Posiblemente usted sea bueno, pero nunca tan bueno!

CÓMO SER UN MEJOR MIEMBRO DEL EQUIPO

¿Qué grandes metas está usted tratando de alcanzar actualmente? Escriba a continuación las tres más importantes:

1._____

2._____

3._____

Piense ahora en la forma en que está tratando de alcanzarlas. ¿Qué tipo de estrategia ha venido usando para lograrlo? ¿Lo está haciendo solo? ¿Está estableciendo un equipo para tal fin?

Si no está tratando de ser parte de un equipo, pregúntese por qué. ¿Es cuestión de ego? ¿Es usted una persona insegura? ¿Es posible que haya juzgado mal el tamaño de los desafíos? ¿O será que su temperamento lo inclina a trabajar solo? Si responde sí a una de estas preguntas, trate de superar la dificultad de inmediato. Mientras más pronto se transforme en un integrante de un equipo, más pronto podrá alcanzar sus sueños.

CÓMO SER UN MEJOR LÍDER DEL EQUIPO

Piense en el sueño más ambicioso que tenga para su vida. Ahora, pregúntese:

- ¿Es más grande que yo?

- ¿Beneficia a otros tanto como a mí?

- ¿Vale la pena dedicarle una parte de mi vida?

Si responde sí a todas estas preguntas, entonces piense en el tipo de personas a las que cree que debe unirse para alcanzar ese sueño. Haga una lista de las personas que conoce y que cree que estarían dispuestas a unirse a usted. Luego, invítelas a una reunión. Siga pensando en otras personas que podrían beneficiarse al ser parte del equipo.

LA LEY DEL CUADRO COMPLETO

La meta es más importante que la participación individual

Hace algunos años me invitaron a participar en una importante conferencia que había sido planeada por una organización nacional muy respetable. Fui seleccionado junto con una docena de expositores para hablar a una audiencia de alrededor de 60 mil personas que habían venido de todas partes del país. Era por una causa importante, por lo cual aprecié la invitación. La consideré un verdadero honor.

Varias semanas antes que la conferencia tuviera lugar, todos los expositores fueron invitados a reunirse con el fundador de la organización para hablar de estrategia, analizar los temas sobre los que cada uno iba a hablar, y darnos apoyo y sugerencias unos a otros. Yo estaba bien contento con esta posibilidad, especialmente porque en el grupo había algunos líderes extraordinarios a quienes yo respetaba grandemente. Se nos había prometido que disfrutaríamos de un tiempo excitante, pero al final la reunión resultó un poco diferente a lo que yo había esperado.

Cuando todos estuvimos reunidos, no parecía una reunión de estrategia y apoyo. Al analizar la próxima conferencia, daba la impresión que unos pocos de los expositores estaban maniobrando para obtener algo así como una posición o un beneficio. Como buenos comunicadores, todos entendieron que el orden en que hablaríamos, la hora del día y la cantidad de tiempo asignado, harían una gran diferencia en cuanto a la forma en que nuestro mensaje sería recibido. Parecía que era más importante la participación de cada expositor que el propósito o la meta de la conferencia misma.

Pero me di cuenta de algo más. Cuando uno de los expositores se refirió brevemente al tema sobre el que hablaría, sentí inmediatamente que la conferencia podría girar en torno a su disertación y que todos los otros mensajes podrían estar subordinados a ese. Sin embargo, este hermano no estaba disputando el mejor lugar, ni siquiera estaba manipulando la situación. No parecía tener interés en maniobrar a nadie.

En ese momento en que todos estaban pensando solo en ellos mismos, me di cuenta que habíamos perdido de vista el cuadro completo de por qué estábamos allí. Así es que dije al grupo, refiriéndome a aquel expositor: «Me parece que su mensaje será el que hará la diferencia en las vidas de las personas que asistirán a esta conferencia. Por eso pienso que la audiencia lo recibirá mejor si se expone en el tiempo en que yo voy a hablar». Y le dije a la persona que no estaba tratando de promoverse: «Por favor, tome mi lugar».

Aquello fue como si alguien hubiese estremecido a cada persona en la sala. De pronto, todos retomaron la perspectiva correcta. (Estoy seguro que si no lo hubiera hecho yo, alguien más en la sala lo habría hecho.) Después de eso, en lugar de pensar en nosotros mismos y tratar de proteger nuestro «reino», todos los expositores estuvieron dispuestos a ceder lo que fuera necesario para el beneficio común. Todos recordamos que la meta era más importante que nuestra participación individual. Esa es la esencia de la Ley del Cuadro Completo.

¿QUÉ HAY PARA MÍ EN TODO ESTO?

En una cultura que canta alabanzas a las medallas de oro individuales y donde una persona pelea por sus derechos en lugar de tratar de asumir sus responsabilidades, la gente tiende a perder de vista el cuadro completo. De hecho, algunos parecen creer que ellos *son* el cuadro completo: Todo gira en torno a sus necesidades, sus metas y sus deseos. Una vez vi un mensaje en una camiseta que expresa muy bien esta actitud. Decía: «Mi idea de un equipo es un montón de gente haciendo lo que yo les digo que hagan».

> *Si usted piensa que es el todo, nunca verá el cuadro completo.*

Pero se supone que un equipo no es un grupo de personas usadas como instrumentos por alguien para su propio beneficio egoísta. Los miembros de un equipo deben beneficiarse mutuamente al compartir sus metas. Deben ser motivados para que trabajen juntos, no manipulados por alguien para alcanzar gloria individual. Cualquiera que esté acostumbrado a reunir personas y usarlas para beneficio propio no es un formador de equipos; es un dictador.

Uno de los mejores lugares para observar la dinámica de equipo es en los deportes. Un acontecimiento deportivo hace que un observador no tenga grandes problemas para determinar si los individuos están trabajando juntos o no. El resultado de un juego es inmediato y medible. Por esa razón es fácil ver cuando un individuo está pensando solo en él y no en las metas y valores del equipo.

Para ganar en los deportes, los miembros de un equipo deben siempre mantener en mente el cuadro completo. Deben recordar que la meta es más importante que su participación o la gloria individual que desean alcanzar. David Robinson, la superestrella del básquetbol profesional de Estados Unidos dijo: «Estoy seguro que cualquier jugador le dirá que los éxitos individuales le ayudarán en su ego, pero si no gana, la alegría le durará muy poco, por eso, es más importante que todo el equipo haya jugado bien».

TODO TIENE QUE VER CON EL EQUIPO

El gran entrenador de fútbol americano de Oklahoma durante los años cincuenta, Bud Wilkinson, lo dijo de esta manera en *The Book of Football Wisdom*: «Si un equipo va a desarrollar todo su potencial se requiere que cada jugador esté dispuesto a subordinar sus metas personales al interés del equipo».

Algunos equipos deportivos parecen dejar que cada jugador desarrolle por sí mismo su propia disposición mental. Otros desarrollan una actitud de subordinación y de equipo en todo lo que hacen. Por ejemplo, los equipos de fútbol como Notre Dame y Penn State no ponen los nombres de los jugadores en sus camisetas. Lou Holtz, ex entrenador de los aguerridos irlandeses, una vez explicó por qué. Dijo: «En Notre Dame creemos que ND era toda la identificación que se necesitaba. Cuando alguien reclamaba, yo les decía que debían sentirse afortunados con tener números impresos en sus uniformes. Por mí, no habría puesto más que las iniciales indicando la posi-

> *«Si un equipo va a desarrollar todo su potencial, se requiere que cada jugador esté dispuesto a subordinar sus metas personales al interés del equipo».*
>
> —BUD WILKINSON

ción en que jugaba cada individuo. Si la prioridad es el equipo más que la persona misma, ¿qué más se podría necesitar?»

Los equipos triunfadores tienen jugadores que ponen el bien del equipo por sobre el de ellos. Quieren jugar en la posición que les corresponde, pero están dispuestos a hacer lo que sea necesario para el bien del equipo. Incluso están dispuestos a sacrificar su actuación por alcanzar la meta mayor. Esa es la Ley del Cuadro Completo.

LA FORMA DE VER EL CUADRO COMPLETO

Los que forman equipos triunfadores nunca olvidan que cada persona en un equipo tiene una función que desempeñar, y cada función contribuye al cuadro completo. Sin esa perspectiva, el equipo no puede alcanzar su meta, tanto si el «juego» del equipo es en los deportes, los negocios, la familia, el ministerio, como si es en el gobierno.

Los líderes en el más alto nivel entienden la Ley del Cuadro Completo. Mantienen permanentemente delante de ellos y de su gente la visión del cuadro completo. Uno de los mejores ejemplos de esto tiene que ver con Winston Churchill. Se cuenta que durante la Segunda Guerra Mundial, cuando Gran Bretaña estaba pasando por los días más oscuros, el país tenía serias dificultades en mantener a sus hombres trabajando en las minas de carbón. Muchos querían abandonar sus sucios e ingratos trabajos en las peligrosas minas para unirse a las fuerzas armadas donde podrían tener más reconocimiento público y apoyo. Pero el trabajo en las minas era determinante para el éxito de la guerra. Sin carbón, los soldados y la gente en sus casas tendrían serias dificultades.

Por eso un día el primer ministro enfrentó a miles de mineros del carbón y les habló de la importancia de su contribución al esfuerzo de la guerra, de cómo sus esfuerzos podrían hacer que la meta de mantener a Inglaterra libre se alcanzara o no.

Churchill les pintó un cuadro de lo que ocurriría cuando la guerra terminara y del gran desfile con el que se honraría a los que habían hecho la guerra. Primero vendrían los marinos, les dijo, aquellos que habían continuado la tradición de Trafalgar y la derrota de la armada española. Luego vendría lo mejor y más brillante de Gran Bretaña, los pilotos de la Real Fuerza Aérea que habían derrotado a la Luftwaffe alemana. Más atrás vendrían los soldados que habían peleado en Dunquerque.

Los últimos serían los hombres cubiertos del polvo del carbón con sus cascos de mineros. Churchill dijo que quizás alguien de entre la multitud gritaría: «¿Y dónde estaban ustedes durante los días difíciles de la contienda?» Y las voces de diez mil gargantas responderían: «En las entrañas de la tierra con nuestros rostros hacia el carbón».

> «No todos en un equipo campeón reciben publicidad, pero todos pueden decir que son campeones».
>
> —EARVIN «MAGIC» JOHNSON

Dicho lo anterior, las lágrimas empezaron a correr por las mejillas de aquellos hombres endurecidos por el trabajo. Y volvieron a sus poco brillantes trabajos con resolución firme después de habérseles recordado el papel que estaban desempeñando en la lucha por alcanzar la gran meta de su país de preservar la libertad del mundo occidental.

Esa es la clase de disposición mental que se requiere para establecer un equipo. Se necesita valentía y resolución para reconocer que *la meta es más importante que la participación individual*. No es poca cosa dar lo mejor al equipo. A menudo esto significa sacrificar la satisfacción profesional, las estadísticas individuales o la gloria personal. Pero como Earvin «Magic» Johnson, ex estrella de la Asociación Nacional del Básquetbol (NBA por sus siglas en inglés) ahora convertido en un exitoso hombre de negocios dijo: «No todos en un equipo campeón reciben publicidad, pero todos pueden decir que son campeones».

UN EQUIPO QUE EJEMPLIFIQUE LA LEY DEL CUADRO COMPLETO

¿Cómo puede un grupo de personas empezar a ser un equipo más unificado? ¿Cómo pueden los individuos dejar de ser personas independientes para ser miembros de un equipo que actúa según la Ley del Cuadro Completo? No es algo que ocurre de la noche a la mañana. Toma su tiempo. He aquí mi mejor fórmula para desarrollar el proceso:

1. Observe *el cuadro completo*

Todo comienza con visión. Usted tiene que tener una meta. Sin ella, no puede tener un equipo verdadero. El receptor del salón de la fama Yogi Berra dijo bromeando: «Si no sabe hacia dónde se dirige va a ir a parar a cualquiera parte». Un individuo sin una meta va a parar a cualquier parte. Un grupo de personas sin una meta no va a ninguna parte. Por otro lado, si la visión por lograr el cuadro completo es sostenida por cada miembro del grupo, entonces estas personas tienen el potencial de llegar a ser un equipo efectivo.

Por lo general los líderes tienen la función de captar y comunicar visión. Ellos deben ser los primeros en verla y luego ayudar a que los demás también la vean. Es lo que Winston Churchill hizo cuando habló a los mineros del carbón durante la guerra. Es lo que el doctor Martín Luther King hijo, hizo cuando habló a la gente sobre su sueño desde las escalinatas del monumento a Lincoln, en Washington, D.C. Es lo que Jack Welch, alto ejecutivo de la GE hizo cuando dejó saber a su gente que un departamento de la GE que no fuera primero o segundo en el mercado no podría seguir siendo parte de la compañía. Las personas de un equipo se sacrificarán y trabajarán juntos *solo* si pueden ver hacia dónde se dirigen con el trabajo que ejecutan.

Si usted es el líder de un equipo, su función es hacer lo que solo usted puede hacer: pintar el cuadro completo a su gente. Sin la visión no van a encontrar el deseo de alcanzar la meta.

2. Mida *su situación*

Una de las ventajas de ver el cuadro completo es que ayuda a reconocer cuánto falta todavía para alcanzar la meta. Para alguien que está decidido a hacer todo solo, ver el abismo que hay entre lo que se ha hecho y lo que queda por hacer es a menudo deprimente. Pero a las personas que viven para levantar equipos, no les preocupa ver el tamaño de la tarea que queda por hacer. No se desaniman ante el reto, más bien saborean la oportunidad. Desean que llegue el momento de establecer un equipo y fijar un plan para alcanzar la visión.

Recientemente, en una reunión de los tres departamentos del Grupo INJOY, el ejecutivo Dave Sutherland se paró ante nuestra gente y resumió algunas de las metas que teníamos para el año que viene. (Algunas eran bastante grandes.) Durante ese proceso, Dave dijo: «Algunas personas ven el tamaño de la meta y se ponen a temblar. A mí eso no me preocupa en lo más mínimo. Ya hemos logrado formar un gran equipo. Para llevarlo al siguiente nivel solo necesitamos algunas otras personas como las que ya tenemos». ¡Esa es la mentalidad que debe tener un organizador de equipos!

3. Organice *los recursos que se necesitan*

Hawley R. Everhart cree que «es bueno apuntar alto si se tienen suficientes municiones». Esto es lo que son los recursos: municiones que le ayudarán a alcanzar una meta. No importa en qué clase de equipo está usted. No podrá hacer progresos sin el respaldo del equipo apropiado, facilidades, fondos, etc., tanto si su meta contempla ascender una montaña, como captar un mercado o crear un ministerio. Mientras mejores sean los recursos de un equipo, menores serán las distracciones que tendrán los integrantes en su intento de alcanzar su meta.

4. Procúrese *los integrantes correctos*

Cuando intente formar un equipo exitoso, los integrantes lo son todo. Usted puede tener una gran visión, un plan preciso, estar lleno de recursos y un liderazgo formidable, pero si no cuenta con las personas correctas, no va a llegar a ninguna parte. (Me referiré más a esto cuando aborde varias de las otras leyes.) Usted puede perder con buenos jugadores, pero no puede ganar con malos.

5. Renuncie *a las agendas personales*

Los equipos que ganan tienen jugadores que se están preguntando continuamente: «¿Qué es lo mejor para los demás?». Ellos continuamente están dejando de lado sus agendas personales cuando se trata del bien del equipo. Su motivación se puede expresar con las palabras de Ray Kroc, fundador de McDonald's, quien dijo: «Ninguno de nosotros es más importante que el resto de nosotros».

Una de las grandes historias deportivas desde hace varios años ha sido el exitoso equipo de balompié femenino de Estados Unidos. Muy cerca lo uno de lo otro, ganaron, en forma notable, la medalla de oro de los Juegos Olímpicos y la Copa Mundial. Una de las jugadoras clave del equipo fue Mia Hamm.

> *«Ninguno de nosotros es más importante que el resto de nosotros».*
>
> —RAY KROC

En su libro *Go for the Goal* ella da su perspectiva sobre este deporte y la actitud con que un jugador debe entrar en el juego para alcanzar la meta de llegar a ser campeones:

> El balompié no es un deporte individual. Yo no hago todos los goles y el que logro hacer es generalmente producto de un esfuerzo de equipo. Yo no mantengo el balón fuera de la valla contraria en el otro lado del campo. Yo no planeo las tácticas que aplicaremos en el juego. Yo no lavo nuestra ropa de entrenamiento (aunque a veces he tenido que hacerlo) ni tampoco me encargo de hacer las reservaciones para nuestros viajes por avión. Yo soy una miembro del equipo y confío en él. Me abstengo y me sacrifico por él, porque es el equipo, no el individuo, el que finalmente será el campeón.

Mia Hamm entiende la Ley del Cuadro Completo. Y al hacer lo que fuera para ayudar a su equipo (incluyendo lavar el vestuario de entrenamiento), demostró que la meta era más importante que el desempeño individual.

6. Suba *a un nivel superior*

Solo cuando los jugadores se unen y renuncian a sus propias agendas un equipo puede subir a un nivel superior. Esta es la clase de sacrificio que se requiere para trabajar en equipo. Desafortunadamente, algunas personas prefieren pegarse a sus agendas y seguir el paso que le marca su propio ego inflado en lugar de olvidarse de eso para alcanzar algo mucho más grande que ellos mismos.

Es como lo dijo el filósofo Federico Nietzsche: «Muchos están listos para seguir su propio camino, pocos en ir tras la meta». Y eso es una lástima porque las personas que solo piensan en ellos mismos están dejando de ver el cuadro completo. Como resultado, su propio potencial no se desarrolla bien, y los que dependen de ellos también pierden.

FUNCIÓN SUBORDINADA PARA EL ÉXITO DEL EQUIPO

En cierta ocasión, el Presidente Abraham Lincoln afirmó: «Casi todos los hombres pueden enfrentar la adversidad, pero si usted quiere probar el carácter de un hombre, otórguele poder». Pocas personas tienen más poder que el presidente de Estados Unidos. Ser llamado «líder del mundo libre» a cualquiera puede írsele a la cabeza. Pero no a Jimmy Carter. Si usted observa su carrera, desde la época que era miembro de la junta escolar hasta su paso por la Casa Blanca y más allá, podrá ver que estuvo dispuesto a asumir casi cualquier función con tal de alcanzar la meta en la que creía. Él siempre se ha adherido a lo importante que es el cuadro completo.

Posiblemente no haya ejemplo más grande de la Ley del Cuadro Completo en la vida de Carter que el papel que ha desempeñado trabajando con Hábitat para la humanidad. Hábitat fue oficialmente fundado por Millard y Linda Fuller en 1976, aunque los dos habían venido explorando la idea durante varios años antes, primero en Estados Unidos y luego en otros países. La meta de la organización es tremenda: eliminar las viviendas que no son habitables y proveer de un hogar a las personas que no lo tienen.

A finales de la década del setenta y principio de la de los ochenta dieron comienzo a su audaz aventura. Después de seis años, habían construido casas en México, en Zaire y en Guatemala. En Estados Unidos tenían organizaciones afiliadas para la construcción de casas en San Antonio, Texas; Americus, Georgia; Johns Island, Carolina del Sur y otras en Florida y Appalachia. Y en muchas otras ciudades se preparaba el terreno para cuando llegaran a construir. Pero el proceso no era fácil. Habían encontrado una buena fórmula para alcanzar su meta: ofrecer ser propietarios de una casa a las personas más necesitadas que estuvieran en condiciones de pagar la casa, construirlas a bajo costo usando trabajo voluntario, involucrar al futuro propietario en el proceso de construcción y crear préstamos sin intereses para financiar las casas. Era una gran idea y empezó a funcionar bien. Pero para alcanzar al mundo como deseaban, los Fuller sabían que tendrían que llevar a Hábitat a un nivel completamente nuevo.

Desde su sede general en la localidad de Americus, al sur de Georgia, los Fuller vieron una posibilidad. A dieciséis kilómetros de allí, en la localidad de Plains vivía un hombre que quizás podría ayudarles: Jimmy Carter. El ex presidente de Estados Unidos había hablado en un par de funciones de Hábitat. Lo contactaron a principios de 1984. Cuando Carter dijo que estaba interesado en Hábitat para la humanidad, los Fuller decidieron audazmente proponer al ex presidente una lista de quince posibles funciones que podría asumir, confiando que podría escoger una o dos. La lista incluía servicios en la junta de Hábitat, contacto con los medios de comunicación, ayudar a recaudar fondos, hacer un video de treinta minutos y trabajar en un equipo de construcción por un día.

Para sorpresa de los Fuller, Carter no escogió una o dos de las alternativas de la lista, sino que las escogió *todas*. Irónicamente, lo que más atrajo la atención del público fue la decisión de Carter de servir, martillo en mano, como un miembro más de los equipos de construcción. Al principio, la gente pensaba que Carter solo quería posar para los fotógrafos, pero no fue así, porque el ex Presidente se mantuvo incorporado a los equipos de trabajo, viajó con ellos en autobuses de la compañía Trailways a Brooklyn, Nueva York, trabajando tenazmente cada día durante una semana y durmiendo en el subterráneo de una iglesia junto con todos los demás. Eso ocurrió por primera vez en 1984. Carter ha formado un equipo y servido en trabajos similares cada año desde entonces. Y su servicio dedicado ha atraído a personas de todas las condiciones para servir en funciones similares.[1]

Una meta compartida

Hábitat para la humanidad es la creación de los Fuller y su éxito es el resultado de los esfuerzos de cientos de miles de personas de alrededor del globo. Pero fue Jimmy Carter el que le dio a la iniciativa categoría de universal. Su servicio desinteresado inspiró a ricos y a pobres, ignorados y famosos, poderosos y gente corriente para ver la tremenda meta de ayudar a la gente de los más bajos niveles de la sociedad, proveyéndoles de un lugar decente donde vivir. Y los inspiró hasta el punto de involucrarlos también en el trabajo.

Hasta ahora, Hábitat ha construido más de cien mil casas, proveyendo de un techo a más de medio millón de personas alrededor del mundo.[2] ¿Por qué? Porque ellos, como Carter, querían ser parte de algo más grande que ellos mismos. Y porque entendieron que la meta era más importante que las funciones que ejecutaban individualmente. Estuvieron dispuestos a abrazar la Ley del Cuadro Completo.

♦

Pensamiento del equipo de trabajo

Mientras más correctamente vea el cuadro completo,
más pronto servirá en el equipo.

Cómo ser un mejor miembro del equipo

¿Cuál es la meta más grande que usted tiene en su vida? ¿Está actualmente participando en algo que es más grande que usted mismo? Si no, aparte un tiempo para pasarlo a solas reflexionando sobre sus metas y sus prioridades. Si está tratando de realizar algo grande, entonces pregúntese qué está dispuesto a hacer para lograrlo. ¿Está dispuesto a asumir un papel subordinado si fuese necesario, para el bien del equipo, como lo hizo el Presidente Carter? Si no, es posible que usted se transforme en un obstáculo para el éxito del equipo.

Cómo ser un mejor líder del equipo

Piense en un equipo del cual usted sea integrante actualmente (preferiblemente uno con una gran meta). ¿Qué tipo de actitud tienen los miembros del equipo en relación con el cuadro completo? ¿Son ellos jugadores del equipo que desean hacer lo que sea necesario con tal que el *equipo* triunfe? ¿O son ellos mismos los que desean beneficiarse?

Comience a comunicar la idea de equipo a otros a través de una disposición de servir al cuadro completo en lugar de a usted mismo. Luego piense en algunas maneras en que puede ayudar a sus compañeros de equipo a abrazar la Ley del Cuadro Completo. Motive a los demás describiéndoles el cuadro completo. Honre públicamente el hecho de ser miembro del equipo. Y ofrezca recompensas a quienes se sacrifican por el bien del equipo.

3

LA LEY DE LA ESPECIALIZACIÓN

Cada jugador tiene un lugar donde dar lo mejor de sí

El 20 de enero del 2001, Estados Unidos experimentó un hecho histórico. Por primera vez un afroamericano asumía el cargo del Secretario de Estado, la posición más alta en el gabinete del Presidente. El hombre que ocupó este cargo fue Colin Powell. El columnista Carl Rowan destacó el nombramiento, diciendo: «Para entender la importancia de la elevación de Powell a esta posición extremadamente difícil y exigente, es necesario entender que hace solo una generación era una ley no escrita que en el campo de las relaciones exteriores, los negros solo podrían servir como embajadores en Liberia y ministros en las Islas Canarias».

El nombramiento de Powell fue singular pero no solo porque fue el primero. Fue importante porque, para decirlo en forma simple, Colin Powell era el mejor individuo en todo Estados Unidos para asumir el papel de Secretario de Estado. El Presidente George W. Bush, quien lo nombró, dijo: «En este caso, no sé de otra persona mejor que Colin Powell para que sea el rostro y la voz de la diplomacia estadounidense» citando su «hablar franco, su integridad imponente, su profundo respeto por nuestra democracia y su sentido del deber como soldado».[1] Bush reconoce que *cada jugador tiene un lugar donde dar lo mejor de sí*. El lugar de Powell es dirigir el Departamento de Estado. Esta es la Ley de la Especialización.

UN LUGAR PARA ÉL

El sentido del deber de un soldado ha sido una parte vital del carácter de Colin Powell desde que tenía unos veinte años. De un florecimiento un tanto tardío, Powell inició su educación superior sin saber con certeza qué quería ser en la vida. Pero no tardó mucho en dar con su identidad: en una unidad ROTC llamada los *Pershing Rifles* en el City College de Nueva York. Fue allí donde, por primera vez en su vida, descubrió un verdadero equipo de trabajo. En *My American Journey*, Powell escribió:

> Mi experiencia en la escuela secundaria, en los equipos de básquetbol y atletismo, y por breve tiempo en los Boy Scouts nunca había producido un sentido de pertenencia o demasiadas amistades permanentes. El *Pershing Rifles* sí. Por primera vez en mi vida era miembro de una hermandad ... La disciplina, la estructura, la camaradería, el sentido de pertenencia era lo que yo anhelaba. Casi de inmediato me transformé en un líder. Encontré allí una notable falta de intereses egoístas que me hizo recordar la atmósfera solícita dentro de mi familia. Raza, color, trasfondo, situación económica, no significaban nada. Los *Pershing Rifles* irían hasta donde fuera necesario los unos por los otros y por el grupo. Si eso era lo que involucraba ser soldado, entonces quizás yo decidiera ser soldado.[2]

A medida que se aproximaba la fecha de su graduación en el preuniversitario, no había dudas en su mente. Él con mucho gusto escogió la carrera militar.

UNA JORNADA NADA COMÚN

En el ejército, Powell pareció no tener ningún problema para alcanzar triunfos dondequiera que iba y rápidamente fue subiendo de rango. Su pasión era comandar tropas y cuando recibió esta asignación lo hizo bien. Pero siempre era utilizado en trabajos y responsabilidades especiales. Cuando esto ocurrió vez tras vez manteniéndolo en el campo dirigiendo soldados, se frustró. Sin embargo, un mentor, el general John Wickham sabiamente le dijo: «Usted no va a tener una carrera convencional en el ejército. Algunos oficiales simplemente no están destinados para eso».

Wickham tenía razón. La carrera de Powell empezó a proyectarse de forma inusual, preparándolo para finalmente asumir un cargo en el gabinete, puliendo sus dones y dándole una amplia experiencia. Como un oficial de infantería que viajó por todo el mundo (incluyendo dos visitas a Vietnam), Powell aprendió sobre mandato y liderazgo. Su trabajo con los soldados también le enseñó a comunicarse y conectarse con la gente. Ya en la Casa Blanca, le llegó el momento de dirigirse por primera vez a los políticos estadounidenses y a los gobiernos del mundo. Además de su interacción con funcionarios estadounidenses del más alto nivel, se reunió con líderes de Japón, la Unión Soviética, China, Polonia, Bulgaria y Alemania Occidental.

Cuando comenzó a trabajar en el Pentágono durante las administraciones de Carter y Reagan, Powell se trasladó a un nivel completamente nuevo. Fue allí donde aprendió cómo trabajan con servidores civiles y a entender cómo trabaja el gobierno y las políticas militares. Como el asistente militar jefe del Secretario de Defensa Caspar Weinberger, Powell viajó por el mundo y entendió la complejidad de la interacción entre Estados Unidos y los poderes extranjeros.

Pero fue en la oficina del asesor de Seguridad Nacional que Powell hizo su ingreso en las grandes ligas. En su condición de asistente suplente del Presidente para asuntos de seguridad nacional, obtuvo valiosa experiencia en la política foránea. En realidad, era tan experto que cuando a su jefe, Frank Carlucci se le pidió que aceptara el cargo de Secretario de Defensa, Powell asumió el cargo que dejó vacante Carlucci como asesor de Seguridad Nacional. Allí no solo aconsejó al Presidente Reagan sino que trabajó hombro con hombro con el secretario de Estado George Shultz cuando se negociaban los tratados de los misiles nucleares con la URSS, organizó cumbres entre los jefes de estado, y trabajó con el presidente soviético Mijail Gorbachev para poner fin a la Guerra Fría.

INSTRUIDO PARA SU DESEMPEÑO

¿Cómo fue que alguien como Colin Powell escaló con tanto éxito hasta llegar a ocupar el cargo de consejero de la Seguridad Nacional? Por haber conquistado el más alto rango militar de cuatro estrellas y luego llegar a ser el más joven presidente del Comando Conjunto (chairman of the Joint Chiefs of Staff) en la historia de la nación. (También fue la primera vez que un afroamericano ocupaba esa posición y se graduaba de la ROTC.) Y, una vez más, Powell brilló en su posición. Les Aspin, ex Secretario de Defensa comentó sobre Powell después de una reunión en la Casa Blanca durante el gobierno del Presidente Clinton: «Fue tan claro para todos nosotros en la sala que él era capaz de hacer cualquier trabajo, incluyendo el de Presidente».[3]

Cuando George W. Bush fue elegido presidente, lo invitó a que formara parte de su gabinete, y había solo un puesto lógico en el que él podría servir, donde podría dar lo mejor de sí. El 25 de enero del 2001, en una reunión en el ayuntamiento, Powell dijo:

> Cuando hace siete años dejé el Ejército y volví a la vida privada, no sabía que retornaría al gobierno ... Pero cuando

el gobernador Bush me pidió que lo considerara, estuve listo para hacerlo. Estaba ansioso por ver si podría volver a servir. Creo que todavía tengo algo para contribuir. Y cuando específicamente me dijo: Me gustaría que fuera al Departamento de Estado, fue casi como si a través de los años hubiera estado preparándome para eso de una forma u otra. Mi trabajo en el Pentágono, mi trabajo como subconsejero en la Seguridad Nacional, como consejero de la Seguridad Nacional, como presidente del Comando Conjunto y siete años en la vida privada observando los cambios en el mundo, me sugirieron que esto es algo que puedo hacer.[4]

El Presidente Bush, su gabinete y cada persona en el país tienen mucho que recibir de Powell. Él no solo es la mejor persona para ese trabajo, sino que le ha dado al nuevo presidente y a su equipo una gran credibilidad con un electorado inclinado a no creer en ellos. El nombramiento de Powell es una prueba tangible de la intención de Bush de tomar en cuenta a todos. Pero ese es el poder de la Ley de la Especialización. Cuando el miembro correcto del equipo está en el lugar correcto, todos se benefician.

Un equipo experimenta cosas buenas cuando cada uno de los jugadores ocupa el lugar donde dará lo mejor de sí. Las grandes cosas ocurren cuando todos los jugadores del equipo están ubicados en la posición que maximiza sus talentos, sus habilidades y su experiencia. Ese es el poder de la Ley de la Especialización.

CUANDO LAS PERSONAS ESTÁN EN EL LUGAR EQUIVOCADO

Casi todos hemos visto equipos donde las personas tienen que desempeñarse en un lugar que no es para ellos: un contador forzado a trabajar con personas todo el día, un delantero que tiene que jugar de defensa, un guitarrista que ocupa el lugar ante el teclado, un profesor atrapado en hacer trabajo de oficina, una esposa que odia la cocina obligada a cocinar.

¿Qué pasa a un equipo cuando uno o más de sus integrantes juegan constantemente en la posición que no es la de ellos? Primero, baja la moral porque el equipo no está jugando a toda su capacidad; luego vienen los disgustos y los resentimientos. Las personas obligadas a trabajar en una posición extraña para ellos se resienten porque no pueden desarrollar todas sus capacidades. Además, otras personas en el equipo que saben que en la posición correcta podrían rendir mucho más que en la que están ocupando, se resienten de que sus habilidades estén desperdiciándose. Al poco tiempo, la gente pierde el interés de trabajar como un equipo. Entonces la confianza de cada uno empieza a desmoronarse. Y la situación empieza a empeorar cada día. El equipo deja de progresar y la competencia se pone a la delantera. Como resultado, el equipo no llega a desarrollar su potencial. Cuando las personas no están allí donde saben hacer las cosas bien, no hay posibilidad de mejorar la situación. Esa es la Ley de la Especialización.

Tener a las personas correctas en el lugar correcto es esencial para el desarrollo firme de un equipo. Observe en el cuadro siguiente cómo cambia la dinámica de un equipo según el lugar en que están los integrantes:

La persona equivocada en el lugar equivocado	=	Regresión
La persona equivocada en el lugar correcto	=	Frustración
La persona correcta en el lugar equivocado	=	Confusión
La persona correcta en el lugar correcto	=	Progreso
Las personas correctas en los lugares correctos	=	Multiplicación

No es cuestión de qué clase de equipo se trata: los principios son los mismos para todos. David Ogilvy tenía razón cuando dijo: «Un restaurante bien administrado es como un equipo de básquetbol ganador. Saca lo mejor del talento de cada miembro del personal y se aprovecha de la mitad de cada segundo para que la espera del cliente sea la más breve posible».

Algo que hice hace algunos años me hizo recordar la Ley de la Especialización. Me habían pedido que escribiera un capítulo para un libro titulado *Destiny and Deliverance* [Destino y liberación] que estaba vinculado con la película de DreamWorks *The Prince of Egypt (El príncipe de Egipto)*. Fue una hermosa experiencia que disfruté grandemente. Durante el proceso de escribir, me invitaron a ir a California para ver parte de la película mientras aun estaban produciéndola. Eso me hizo querer hacer algo que nunca antes había hecho: asistir a un pre-estreno en Hollywood.

Mi editor se las arregló para conseguirme un par de entradas para el pre-estreno. Asistimos, puntualmente, mi esposa Margaret y yo. Fue un evento en el que se hizo derroche de energía por parte de artistas de cine y productores. Margaret y yo disfrutamos inmensamente la película y toda la experiencia.

Ahora bien, todos los que van conmigo a ver una película, un espectáculo o un evento deportivo conocen mis patrones. Tan pronto como estoy seguro de cómo terminará un partido, me dirijo a la puerta para evitar la aglomeración posterior. Cuando la audiencia en Broadway está brindando una ovación, yo me voy. Y en el preciso segundo en que empiezan a aparecer en la pantalla los nombres de las personas que intervinieron para hacer la película abandono mi asiento. En el caso de *The Prince of Egypt*, cuando iba a terminar, empecé a prepararme para pararme, pero me di cuenta que nadie en el cine se movió. Y entonces ocurrió algo que no me esperaba. Mientras los nombres de los que habían participado en la película pasaban rápidamente por la pantalla, el público iba aplaudiendo a cada uno, conocido o no, más importante o menos importante: como el diseñador del vestuario, el asistente del director y muchos otros. Fue un momento que nunca olvidaré y una tremenda referencia a la Ley de la Especialización: *Cada jugador tiene un lugar donde dar lo mejor de sí.* Cuando cada persona es puesta a hacer el trabajo que sabe hacer, todo el mundo gana.

PONER A LA GENTE EN SU LUGAR

El entrenador de la Liga Nacional de Fútbol Americano, NFL, Vince Lombardi dijo: «Los logros de una organización son el resultado del esfuerzo combinado de cada individuo». Así es, pero hacer de un equipo un conjunto ganador no es solo cuestión de tener a las personas correctas. Incluso si usted tiene un gran grupo de individuos talentosos, y cada persona no está dando lo mejor de sí, no será posible obtener todo el potencial del equipo. Este es el arte de dirigir un equipo. ¡Usted ha conseguido poner a las personas en sus lugares precisos, es decir, en la forma más positiva!

Para poder poner a las personas en los lugares donde utilizan sus talentos y elevan al máximo el potencial del equipo se necesitan tres cosas. Usted debe:

Conocer el equipo

Usted no puede armar un equipo ganador o una organización de éxito si no conoce su visión, propósito, cultura, historia, etc. Si no sabe a dónde está tratando de ir el equipo y por qué está tratando de ir allí, usted no podrá llevar al equipo a su máximo potencial. Usted tendrá que empezar donde el equipo realmente está. Solo entonces podrá llevarlo a donde sea.

Conocer la situación

Aun cuando la visión o propósito de una organización pudiera ser constante, su situación cambia frecuentemente. Los buenos organizadores de equipos conocen el punto donde está el equipo y qué requiere esa particular situación. Por ejemplo, cuando un equipo es joven y está recién empezando, a menudo la prioridad número uno es conseguir buenas personas. Pero a medida que el equipo madura y el nivel de talento aumenta, será necesario aplicar el «sintonizador fino». Es entonces cuando un líder debe pasar más tiempo haciendo que la persona corresponda con la posición.

Conocer al jugador

Suena como algo obvio, pero usted debe conocer a la persona a la que está tratando de poner en la posición conveniente. Lo menciono porque hay líderes que tienden a querer que todo el mundo se conforme a su imagen, y que en su trabajo usen las mismas técnicas y métodos suyos de resolver problemas. Pero armar un equipo no es como trabajar en una línea de ensamblaje.

Cuando trabaje en la formación de un equipo fíjese en la experiencia, las habilidades, el temperamento, la actitud, la pasión, el don de motivar a los demás, la disciplina, la fuerza emocional y el potencial de cada persona. Solo entonces estará listo para ayudar a cada miembro de su equipo a encontrar su lugar apropiado.

Comience buscando el lugar apropiado para usted

En este momento quizás usted no esté en condiciones de incorporar a otros a su equipo. Incluso, quizás esté pensando, *¿Cómo puedo encontrar mi propio lugar?* Si tal es el caso, le sugiero que siga las siguientes pautas:

- *Tenga confianza en sí mismo.* Mi amigo Wayne Schmidt dice: «Ninguna cantidad de capacidad compensa la falta de confianza en sí mismo». Si usted deja que sus inseguridades se lleven lo mejor de usted, será una persona inflexible y reacia a cambiar. Y usted no puede desarrollarse sin cambio.

- *Conózcase.* Usted no podrá encontrar su lugar si no conoce sus puntos fuertes y sus debilidades. Dedique tiempo a reflexionar y explorar sus dones. Pida a otros que le den su opinión sobre usted. Haga lo que sea necesario para eliminar todas las cosas negativas de su vida.

- *Confíe en sus líderes.* Un buen líder le ayudará a empezar a moverse en la dirección correcta. Si usted no confía en su líder, busque a otro mentor que le ayude. O intégrese a otro equipo.

- *Visualice el cuadro completo.* Su lugar en el equipo solo tiene sentido en el contexto del cuadro completo. Si su única motivación para encontrar su lugar es un beneficio personal, tales motivos egoístas quizá impidan que descubra lo que desea.

- *Confíe en su experiencia.* Cuando llegue el momento, la única manera de saber si ha descubierto su lugar es hacer lo que le parece correcto, y aprender de sus errores y sus éxitos. Cuando descubra para qué fue hecho, su corazón cantará. Y dirá: *¡En ninguna otra parte podré encontrar un lugar como este, de modo que este tiene que ser el lugar!*

UN LUGAR PARA CADA UNO, Y CADA UNO EN SU LUGAR

Una organización que se esfuerza por poner a su gente en el lugar correcto es el ejército de Estados Unidos. Esto es particularmente cierto ahora que emplea voluntarios. Si cada una de las varias funciones en un comando militar no trabaja a su máxima eficiencia (e interactúa bien con todas las otras partes), entonces se producirá una crisis terrible.

Nadie es más consciente de esto que un piloto de combate. Tomemos por ejemplo a Charlie Plumb quien se retiró como capitán de la Marina de Estados Unidos. Graduado de Annapolis, a mediados de la década del sesenta sirvió en Vietnam, volando en setenta y cinco misiones desde el portaviones *USS Kitty Hawk*.

> *Cuando descubra su lugar, va a decir: «¡En ninguna otra parte podré encontrar un lugar como este, de modo que este tiene que ser el lugar!»*

En un portaviones es posible ver casi al instante cómo todas las piezas del «rompecabezas» militar se unen para apoyarse unas a otras. A menudo se dice que un portaviones es como una ciudad flotante. Tiene una tripulación de cinco mil quinientos hombres, una población más grande que muchas de las ciudades donde algunos miembros de la tripulación nacieron y crecieron. Debe ser auto-suficiente y cada uno de los diecisiete departamentos debe funcionar como un equipo que busca lograr su misión. Y cada uno de los grupos debe trabajar unido como un equipo.

Cada piloto está bien consciente del esfuerzo de equipo que se requiere para poner un jet en el aire. Se necesitan cientos de hombres que utilizan docenas de especialidades técnicas para lanzar, monitorear, apoyar, aterrizar y mantener un avión. Aun más personas participan si el avión está armado para el combate. Charlie Plumb sin duda era consciente de que muchas personas trabajaban incansablemente para mantenerlo volando. Pero a pesar de los esfuerzos del grupo de apoyo en el aire mejor entrenado del mundo, Plumb se encontró en una prisión norvietnamita como un prisionero de guerra después que su *Phantom F-4* fue derribado el 19 de mayo de 1967, durante su misión setenta y cinco.

Plumb fue mantenido como prisionero por casi seis largos años, parte del tiempo en el tristemente famoso Hanoi Hilton. Durante esos años, él y sus compañeros prisioneros fueron humillados, privados de alimentos, torturados y forzados a vivir en condiciones paupérrimas. Pero él no dejó que la experiencia lo amilanara. Como dice ahora: «Nuestra unidad a través de nuestra fe en Dios y nuestro amor por nuestro país fueron la gran fuerza que nos ayudó a pasar por tiempos tan difíciles».

PUNTO CRÍTICO

Plumb fue liberado el 18 de febrero de 1973 y continuó su carrera en la Marina. Pero un incidente años después de haber regresado a Estados Unidos marcó su vida como sin duda lo hizo su tiempo en prisión. Un día él y su esposa, Cathy, estaban comiendo en un restaurante cuando un hombre se acercó a su mesa y les dijo: «Usted es Plumb. Usted voló aviones de guerra en Vietnam».

«Así es», respondió Plumb. «Usted está en lo cierto».

«Estaba en el escuadrón 114 del *Kitty Hawk*. A usted lo derribaron. Se lanzó en paracaídas y así cayó en manos enemigas», continuó el hombre. «Y pasó seis años como prisionero de guerra».

El ex piloto miró al hombre tratando de identificarlo, pero no pudo. «¿Cómo sabe todo eso?», le preguntó finalmente Plumb.

«Yo preparé su paracaídas».

Plumb estaba asombrado. Todo lo que se le ocurrió hacer fue ponerse de pie y darle la mano al hombre. «Debo decirle», pudo decir finalmente, «que he hecho muchas oraciones dando gracias por esos ágiles dedos, pero nunca pensé que tendría la oportunidad de decirle gracias personalmente».[5]

¿Qué habría pasado si la Marina hubiese puesto a la persona equivocada en la posición de preparar los paracaídas, ese trabajo anónimo y raramente agradecido que algunos hombres llevaron a cabo durante la guerra de Vietnam? Charlie Plumb no habría sabido de ello hasta que hubiera sido demasiado tarde. Y nosotros tampoco habríamos sabido cuando la crisis ocurriera, porque Plumb no habría sobrevivido para contarnos la historia.

Hoy día, Charlie Plumb es un conferenciante motivador de las compañías de Fortune 500, agencias gubernamentales y otras organizaciones. Con frecuencia cuenta la historia del hombre que preparó su paracaídas y la usa para dar un mensaje sobre el trabajo en equipo. Dice: «En un mundo donde "la reducción" nos fuerza a hacer más con menos, debemos capacitar el equipo. "Preparar los paracaídas para otros" puede significar la diferencia entre la vida y la muerte. De usted y de su equipo».[6]

Esa es otra forma de comunicar la Ley de la Especialización. ¿Está usted preparando el paracaídas para sus compañeros de equipo? ¿O está funcionando a menos del cien por ciento? *Cada jugador tiene un lugar donde dar lo mejor de sí.* Quiero animarle a que se asegure de encontrar el suyo.

PENSAMIENTO DEL EQUIPO DE TRABAJO

Usted es más valioso allí donde su aporte es mayor.

CÓMO SER UN MEJOR MIEMBRO DEL EQUIPO

¿Ha encontrado usted su lugar? Al cumplir usted con sus responsabilidades, ¿ha pensado en algo así como: *En ninguna otra parte podré encontrar un lugar como este, de modo que este tiene que ser el lugar?* Si ha sido así, entonces mantenga el curso y siga creciendo y aprendiendo en el área de su competencia. Si no, necesita ponerse en camino.

Si usted sabe cuál es su lugar pero no está trabajando en él, empiece a planificar una transición. Puede que sea tan sencillo como un cambio de tareas o tan complicado como un cambio de carrera. No importa si le tomará seis semanas o seis años, necesita un plan de transición y un programa para completarlo. Una vez que esté seguro del rumbo, ármese de valor para dar el primer paso.

Si no sabe cómo empezar, necesita hacer alguna investigación. Háblele a su esposo o esposa y a sus amigos más cercanos sobre sus fortalezas y sus debilidades. Pídale una evaluación a su líder. Hágase algunos exámenes de personalidad y carácter. Ponga atención a los temas recurrentes en su vida. Trate de articular los propósitos de su vida. Haga lo que haya que hacer para encontrar pistas sobre dónde debería estar. Luego intente cosas nuevas relacionadas con sus descubrimientos. La única manera de encontrar su lugar es ganando experiencia.

CÓMO SER UN MEJOR LÍDER DEL EQUIPO

Una de las señales de un gran líder de equipo es que todos los integrantes estén en los lugares que les corresponden. Use las pautas halladas en este capítulo, conozca su equipo, la situación y los jugadores, para empezar a perfeccionar su proceso de ubicación. Y recuerde esto: Para ayudar a los demás a alcanzar su potencial y maximizar su efectividad, ayúdelos a ubicarse en su zona de

> *Una de las señales de un gran líder de equipo es que todos los integrantes estén en los lugares que les corresponden.*

comodidad, pero nunca fuera de su zona de talentos. Mover a las personas fuera de sus dones les lleva a frustraciones, pero motivar a las personas en las zonas donde se sienten cómodos los conduce a su realización.

4

LA LEY DEL MONTE EVEREST

A medida que el desafío crece,
la necesidad de un trabajo en equipo aumenta

En 1935, Tenzing Norgay, de veintiún años de edad, hizo su primer viaje al Monte Everest. Trabajó como porteador para un equipo inglés de montañistas. Como un *sherpa* nacido en las altas montañas de Nepal, Tenzing había experimentado la atracción de la montaña desde la vez que los occidentales empezaron a visitar el área con la idea de escalarla. El primer grupo había llegado en 1920. Quince años después, los escaladores seguían tratando de ver cómo podían conquistar el monte.

Lo más lejos que esta expedición había logrado llegar era al Col Norte que estaba a una altura de unos 7,300 metros. (Un *col* es un área plana que se extiende a lo largo de una cordillera entre las cimas de las montañas). Fue justo debajo de esa planicie que el equipo de escaladores hizo un sorprendente descubrimiento. Dentro de una tienda despedazada por el viento había un esqueleto con algo de piel congelada cubriendo los huesos. Estaba sentado en una extraña posición, con un pie descalzo y los lazos de la otra bota que seguía cubriendo el pie, entre los dedos.

EL LUGAR MÁS INHÓSPITO DEL PLANETA

La práctica de escalar montañas no está hecha para los débiles del corazón porque entre los lugares más inhóspitos de la tierra se cuentan las altas montañas. Por supuesto, eso no ha impedido que siempre haya quienes aspiren a conquistarlas. En 1786, los primeros escaladores llegaron a la cumbre de la montaña más alta de Europa, el Mont Blanc, en Francia. Aquello fue toda una proeza. Pero hay una gran diferencia entre escalar la cumbre más alta de los Alpes de 4,800 metros y escalar el Everest, el pico más alto del mundo con 8,850 metros, especialmente antes que se dispusiera del moderno equipo que existe hoy día. El Everest es increíble. La altitud incapacita incluso a los más experimentados escaladores. Y el clima es cruel y no perdona. Los expertos creen que actualmente permanecen en la montaña los cuerpos de 120 escaladores que fracasaron en su intento.[1]

El cuerpo que Tenzing y los demás encontraron en 1935 era el de Maurice Wilson, un inglés que había llegado a hurtadillas al Tibet y que había tratado de escalar la montaña secretamente, sin el permiso del gobierno tibetano. Debido a que había tratado de llevar a cabo la empresa a espaldas del conocimiento público y oficial, Wilson había contratado únicamente a tres porteadores para que fueran con él. A medida que se aproximaban a la planicie norte, los hombres se negaron a seguir. Wilson entonces decidió seguir solo. Y esa decisión lo mató.

MEDIR EL COSTO

Solo alguien que ha escalado una gran montaña sabe lo que demanda llegar a la cumbre. Por treinta y dos años, entre 1920 y 1952, siete grandes expediciones trataron de conquistar el Everest, y fracasaron. Tenzing Norgay estuvo en seis de esas expediciones así como en las que conquistaron otras montañas. Debido a su habilidad de escalar sin cansarse llevando sobre sus hombros cargas sumamente pesadas, sus compañeros expedicionarios se burlaban de él diciéndole que tenía un tercer pulmón. Lo respetaban, y él mismo aprendió mucho de esas experiencias. La lección más valiosa fue que nadie puede subestimar lo difícil del escalamiento. Él ha visto a más de uno que tuvo que pagar el precio más alto, la vida, sin haber logrado alcanzar el éxito.

En un intento, por ejemplo, cuando las condiciones se hicieron muy difíciles, Tenzing y otros Sherpas se pusieron sus abrazaderas (clavos que se adhieren a las botas de escalar). Pero George Frey, un experimentado montañista, decidió no usar las suyas porque consideró que no era necesario. Se resbaló y cayó 300 metros encontrando la muerte. Tenzing lamentó la muerte de Frey, pero su posición era realista. Acerca de los escaladores descuidados, escribió: «Al igual que muchos hombres antes que ellos, han tomado una gran montaña muy livianamente y por eso tuvieron que pagar el precio».[2]

NO ES UN SIMPLE PASEO

En 1953, Tenzing se embarcó en su séptima expedición al Everest con un grupo británico dirigido por el coronel John Hunt. Por entonces, a Tenzing no solo lo respetaban como cargador que era capaz de llevar sobre sus hombros pesos enormes hasta grandes alturas, sino también como un montañista y como un experimentado miembro de la expedición, un honor poco usual para un Sherpa. El año anterior había llegado a una altura de 8,608 metros con un equipo suizo. Hasta ese momento, había sido lo más cerca de la cima que ser humano alguno hubiera llegado.

El grupo británico nombró a Tenzing jefe de los porteadores. Tendría que contratar, organizar y dirigir a los cargadores. No era aquella una tarea sencilla. Con la esperanza de conseguir que al menos dos personas pudieran ir desde la base del campamento hasta la cima, el equipo hizo el intento con diez escaladores de alturas, incluyendo a un neozelandés llamado Edmund Hillary. En conjunto, los hombres tendrían que cargar dos y media tonela-das de equipo y alimentos. Estas cosas no podían ser llevadas a la base de la montaña ni en camiones ni por aire. Tendrían que *car-garlas* hasta la base del campamento hombres y mujeres desde Kat-mandú, a 290 kilómetros de allí, por un camino que subía y bajaba por los contrafuertes del Himalaya y sobre ríos que tendrían que atravesar por puentes construidos con cordeles y tablas. Tenzing tendría que contratar entre doscientas y trescientas personas solo para que llevaran la carga lo más cerca posible de la montaña.

Las cosas que se necesitarían más arriba de la base del cam-pamento tendrían que ser subidas por otros cuarenta cargadores, cada uno de ellos Sherpas con amplia experiencia en la montaña. El mejor tercio de ese equipo continuaría trabajando en la parte más alta de la montaña, cargando 340 kilogramos de equipo nece-sario en pacas de aproximadamente 14 kilogramos cada una. Solo Tenzing y otros tres porteadores tenían la fuerza y la capacidad para llegar a los campamentos más altos cerca de la cumbre.

Se necesita un equipo

Por cada nivel que los escaladores alcanzaran se necesitaría un gra-do más alto de trabajo en equipo. Un grupo de hombres quedaría exhausto con solo llevar el equipo montaña arriba para el siguien-te grupo. Equipos de dos hombres irían haciendo el camino hacia la cumbre, buscando los lugares más apropiados, haciendo esca-lones allí donde se pudiera, asegurando las cuerdas. Y entonces, una vez que lo hubieran hecho quedaría listo el camino para el siguiente turno que seguiría escalando.

Del trabajo de equipo, Tenzing dijo:

No se sube una montaña como el Everest tratando de trabajar solo o en competencia con sus compañeros. El trabajo en equipo se hace lenta, cuidadosamente y sin egoísmos. Por supuesto que me gustaría llegar a la cumbre por mí mismo; es lo que he soñado toda mi vida. Pero si lo logra otra persona, lo asumiré como un hombre y no me pondré a llorar como un niño. Para eso está la montaña ahí.[3]

El equipo de escaladores, siguiendo la vía abierta para ellos finalmente logró que dos pares de ellos intentaran alcanzar la cima. El primero estaba formado por Tom Bourdillon y Charles Evans. Cuando lo intentaron y fracasaron, le tocó el turno al otro equipo. Este estaba formado por Tenzing y Edmund Hillary. Acerca del primero de los dos equipos, Tenzing escribió:

Estaban extenuados, enfermos, exhaustos, y por supuesto, terriblemente decepcionados por no haber logrado llegar a la cima. Pero aun así ... hicieron todo lo que pudieron para aconsejarnos y ayudarnos. Y, yo pienso, así es como debe ser en la montaña. Así es como la montaña hace grandes a los hombres. Porque ¿dónde estaríamos Hillary y yo sin los demás? ¿Sin los escaladores que abrieron la ruta y los Sherpas que transportaron la carga? ¿Sin Bourdillon y Evans, Hunt y Da Namgyal, que fueron delante de nosotros allanando el camino? ¿Sin Lowe y Gregory, Ang Hyima, Ang Tempra y Penba, que lo único que hicieron fue ayudarnos? Fue solo gracias al trabajo y sacrificio de todos ellos que ahora teníamos la oportunidad de llegar arriba.[4]

Ellos aprovecharon al máximo la oportunidad que se les brindaba. Y el 29 de mayo de 1953, Tenzing Norgay y Edmund Hillary lograron lo que hasta entonces ningún otro ser humano había alcanzado: ¡Pararse en la cima del Monte Everest, el pico más alto del mundo!

¿Podrían haberlo hecho solos Tenzing e Hillary? La respuesta es no. ¿Podrían haberlo logrado sin la ayuda de un gran equipo? De nuevo, la respuesta es no. ¿Por qué? *Porque a medida que el desafío crece, la necesidad de un trabajo en equipo aumenta.* Esa es la Ley del Monte Everest.

¿CUÁL ES SU EVEREST?

Quizás usted no sea un escalador ni tenga la menor intención de intentar llegar a la cima del Everest. Pero supongo que tendrá algún sueño. Esto lo digo con bastante seguridad porque sé que todos, muy dentro de nosotros, tenemos uno, aunque aun no lo hayamos definido muy bien. Si usted tiene un sueño, necesita un equipo para hacerlo realidad.

¿Cómo hacer para formar un equipo? Creo que la mejor manera de comenzar es haciéndose tres preguntas:

1. ¿Cuál es mi sueño?

Todo comienza con esta pregunta, porque su respuesta le revelará *lo que podría ser* ese sueño. Robert Greenleaf ha dicho: «Nada importante ocurre sin un sueño. Para que algo grande llegue a suceder, se necesita un gran sueño».

¿Qué hay en su corazón? ¿Qué posibilidades ve para su vida? ¿Qué le gustaría lograr mientras pasa por este mundo? Solo un sueño contestará tales preguntas. Como el poeta Langston Hughes escribió:

Agárrate firme de tus sueños cuando se te quieran morir,
La vida es un pájaro herido que no puede volar.

Agárrate de tus sueños cuando se te quieran ir,
La vida es un campo estéril, congelado, que hay que trabajar.

Si quiere hacer algo realmente grande, debe tener un sueño. Pero un sueño no es suficiente. Podrá hacerlo realidad solo si es parte de un equipo.

2. ¿Quién integra mi equipo?

Esta segunda pregunta le dice *lo que es*. Mida su situación actual. Su potencial está en relación directa con el equipo que tenga. Por eso es que debe ser cuidadoso en seleccionar a quienes estarán junto a usted en esta jornada. Un escalador de montañas como Maurice Wilson, que tenía a su lado únicamente a tres compañeros semi convencidos, nunca podría haber alcanzado su sueño de escalar la montaña. Sin embargo, alguien como Tenzing Norgay, que siempre escaló el Everest con los mejores montañistas del mundo, estaba capacitado para llegar a la cumbre. Un gran sueño con un equipo inadecuado no pasa de ser una pesadilla.

3. ¿Cómo deberá ser mi equipo ideal?

La verdad es que su equipo debe tener el tamaño de su sueño. Si no es así, entonces fracasará. Usted no puede alcanzar un «10» con un equipo que apenas alcanza a «4». Sencillamente las cosas así no funcionan. Si quiere escalar el Monte Everest, necesita un equipo del tamaño del Monte Everest. No hay otra fórmula para lograrlo. Es mejor tener un gran equipo para un sueño pequeño, que un gran sueño con un equipo ineficiente.

> *Su equipo debe tener el tamaño de su sueño.*

Concéntrese en el equipo, no en el sueño

Uno de los errores que he visto repetidamente cometer a la gente es que dedican demasiada atención a su sueño y muy poca a su equipo. Pero la verdad es que si consigue el equipo correcto, el sueño no requerirá mayor atención de su parte.

> *Muchas personas ponen demasiada atención en su sueño y muy poca en su equipo.*

Cada sueño trae sus desafíos. La clase de desafío determina la clase de equipo que usted necesita tener. Fíjese en los siguientes ejemplos:

Clase de desafío	*Clase de equipo que se requiere*
Nuevo desafío	Equipo creativo
Desafío controversial	Equipo unido
Desafío para cambio	Equipo rápido y flexible
Desafío poco grato	Equipo motivado
Desafío diversificado	Equipo que se complemente
Desafío de largo plazo	Equipo decidido
Desafío tamaño Everest	Equipo con experiencia

Si usted quiere alcanzar su sueño, es decir, hacerlo una realidad y no solo imaginárselo ya alcanzado, entonces trabaje en su equipo, pero al hacerlo, asegúrese que sus motivos sean los correctos. Algunas personas forman un equipo solo para beneficiarse ellos. Otros lo hacen porque disfrutan la experiencia y quieren crear un sentido de comunidad. Y otros lo hacen porque quieren constituir una organización. Lo divertido en estas razones es que si usted está motivado por *todas* ellas, su deseo de formar un equipo probablemente surja de su deseo de valorizar a cada uno de los miembros. Pero si su deseo de formar un equipo tiene su origen en solo una de estas razones, probablemente necesite examinar sus motivos.

CÓMO HACER CRECER UN EQUIPO

Cuando el equipo que ha formado no está a la altura del equipo de sus sueños, entonces tiene solo dos alternativas: *olvidarse* de su sueño o *desarrollar* su equipo. En cuanto a esta segunda posibilidad, a continuación le expongo mi recomendación:

1. Trabaje con los miembros del equipo

El primer paso que tiene que dar cuando un equipo no está alcanzando todo su potencial es ayudar a sus miembros a crecer. Si usted está al frente del equipo, una de sus responsabilidades mayores es ver el potencial que las personas no ven en ellos y ponerlo a trabajar. ¡Cuando logra esto, está haciendo el trabajo de un verdadero líder!

> *Cuando el equipo que ha formado no está a la altura del equipo de sus sueños, entonces tiene solo dos alternativas: olvidarse de su sueño o desarrollar su equipo.*

Piense en las personas que integran su equipo y vea lo que necesitan basado en las siguientes cuatro categorías:

- Iniciador entusiasta – Necesita dirección

- Aprendiz desilusionado – Necesita entrenamiento

- Completador cauteloso – Necesita apoyo

- Realizador auto-confiado – Necesita responsabilidad

Siempre dé a las personas que ya forman parte de su equipo una oportunidad para crecer y desarrollarse. Es lo que el explorador inglés Eric Shipton hizo en 1935 con un joven sin experiencia llamado Tenzing, y su país fue recompensado dieciocho años más tarde con un escalamiento exitoso a la cumbre más alta del mundo.

2. Agregue al equipo miembros clave

Aun cuando usted pueda dar a cada persona integrante de su equipo una oportunidad para aprender y crecer, y ellos hagan el mejor uso de tal oportunidad, es probable que sigan careciendo del talento que necesitan para hacer realidad su sueño. Esto significa que ha llegado el momento de reclutar ese talento. A veces todo lo que el equipo necesita es una persona clave, con talento en un área, para hacer la diferencia entre éxito y fracaso. (Me referiré más a esto en la Ley de la Banca de Apoyo.)

3. Cambie el liderazgo

Los diversos retos que enfrenta un equipo requieren diferentes clases de liderazgo. Si un equipo tiene el talento correcto pero aún no está creciendo, a veces lo mejor que uno puede hacer es pedirle a alguien del equipo que anteriormente había sido un seguidor que intervenga y asuma un papel de liderazgo. Esa transición puede ocurrir durante tan solo una corta temporada, o puede ser más permanente.

> A menudo, el desafío del momento determina el líder para ese desafío específico.

A menudo, el desafío del momento determina el líder para ese desafío específico. ¿Por qué? Porque cada persona en el equipo tiene fuerzas y debilidades que entran en juego para bien o para mal. Ese fue el caso en el equipo del Everest mientras encaraban cada etapa del ascenso. El coronel Hunt escogió a los escaladores y dirigió la expedición, proyectando la visión, estructurando un servicio sin egoísmos y haciendo decisiones críticas acerca de quién sería quien asumiría tal o cual responsabilidad. Tenzing escogió a los cargadores, dirigiéndolos, organizándolos y motivándolos para armar los campamentos en cada etapa en la montaña. Y los equipos de escaladores se turnaron para dirigir y abrir camino en el ascenso de modo que Hillary y Tenzing pudieran dar el salto final para llegar a la cima. Cuando surgía un determinado desafío, el líder se hacía cargo y todo el equipo trabajaba junto y coordinadamente haciendo cada uno su parte.

Si su equipo está frente a un gran desafío y da la impresión que no hay progreso en «escalar la montaña» entonces es posible que sea el momento de cambiar a los líderes. Debe haber en el equipo alguien mejor capacitado para dirigir en esa circunstancia específica. (Aprenda más al leer los mitos de la cabecera de la mesa y de la mesa redonda en la Ley de la Ventaja.)

4. Quite a los miembros ineficaces

A veces, por falta de habilidad o por una actitud inadecuada, un miembro del equipo puede transformar a un equipo ganador en uno perdedor. En tales casos usted debe poner el equipo en primer lugar y hacer los cambios que sea necesario para el bien de todos.

Tenzing enfrentó esa clase de situación en la expedición al Everest de 1953. Durante los primeros días de viaje había continuos roces entre los cargadores y el equipo británico de escaladores. Como la persona a cargo de esta parte del trabajo, Tenzing se mantuvo permanentemente en medio de la situación tratando de evitar los problemas. Después de repetidos esfuerzos por establecer la paz entre ambos grupos, Tenzing descubrió que la fuente del problema eran dos Sherpas que ocasionaban las disensiones. Sin demora los despidió y los mandó de vuelta a casa. La paz retornó a la expedición. Si su equipo no está dando la talla, es casi seguro que tiene que hacer algunos cambios.

Hacer que un equipo se desarrolle no es fácil. Demanda y consume mucho tiempo. Pero si quiere hacer su sueño realidad, no tiene otra salida. Mientras más grande es el sueño, más grande tiene que ser el equipo. *A medida que el desafío crece, la necesidad de un trabajo en equipo aumenta.* Esta es la Ley del Monte Everest.

NO TODOS LOS DESAFÍOS SON UN SUEÑO

Los desafíos que nuestros equipos confrontan no siempre son lo que nosotros hemos elegido. A veces se precipitan sobre nosotros y no nos queda otra cosa que hacer que enfrentarlos y hacer lo mejor que podamos con el equipo que tenemos, o rendirnos y sufrir las consecuencias. Eso fue cierto en el caso de la tripulación y el equipo de apoyo de Apolo 13.

Si usted vio la película *Apolo 13* protagonizada por Tom Hanks (o recuerda, como yo, algunas de las coberturas periodísticas de la televisión durante el vuelo real), entonces conoce lo principal de la historia. El 13 de abril de 1970, a las 10:07 p.m. hora del este, explotó un tanque de oxígeno en el módulo de servicio de la nave espacial *Odyssey,* el cual hizo que la nave perdiera su provisión de oxígeno y todo poder normal. Sumado a eso, el motor principal de la nave dejó de funcionar. Como la nave se encontraba a 322 mil kilómetros de distancia de la tierra y en un curso que amenazaba con ponerla en una órbita permanente alrededor de la luna, este era un desastre potencialmente fatal.

Los astronautas en la nave *Odyssey,* James Lovell, Jack Swigert, hijo y Fred Haise no serían capaces de regresar a la tierra por ellos mismos. Si se pretendía que sobrevivieran, esto requeriría un trabajo de equipo a un nivel que el programa espacial nunca había experimentado y se requeriría tener personas trabajando unidas como una maquinaria perfectamente engrasada.

TRABAJO DE EQUIPO A UN NIVEL NUEVO

El equipo de control de vuelo en tierra rápidamente cerró la cápsula del comando dañado y para su seguridad guió la nave hacia el módulo lunar (ML) *Aquarius*. Eso proveyó a la tripulación una seguridad momentánea. Pero todavía enfrentaban dos grandes desafíos:

1. Poner cuanto antes camino a la tierra el módulo del comando *Odyssey* y el módulo lunar *Aquarius*, y

2. Conservar las partes del equipo que mantendrían a los astronautas vivos: poder energía, oxígeno y agua. Lograr estas dos cosas no sería tarea fácil.

Por lo general, durante una misión normal de Apolo, el centro de control de la misión en Houston utiliza cuatro equipos de controladores, cada uno individualizado mediante un color: blanco, negro, oro y rojo. Cada uno de estos equipos tenía técnicos responsables para cada tarea específica. El procedimiento acostumbrado era que cada equipo hiciera turnos de seis horas bajo la dirección de uno de los tres directores de vuelo. Pero con la vida de tres astronautas en peligro, cada miembro de cada equipo entró en actividad de inmediato. Gene Kranz, director de vuelo, sacó a uno de los equipos de su rotación habitual y formó el Equipo Tigre. Los quince miembros del equipo trabajaron con el criterio que se aplica en una crisis.

Cuando Kranz habló con ellos, les dijo:

Por el resto de la misión, los mantendré fuera de su trabajo habitual. La gente que está fuera de este círculo [se refería a los otros equipos] estará controlando el vuelo segundo a segundo, pero serán ustedes los que determinen qué será lo que los otros ejecuten ... En los próximos días estaremos trabajando con técnicas y maniobras que nunca hemos hecho antes. Quiero estar seguro que sabemos lo que estamos haciendo.[5]

Aparte de eso, la NASA inmediatamente se puso en contacto con los representantes de los constructores de la nave, tales como la gente de Grumman Aerospace que habían construido el módulo lunar. (Y cuando a media noche supieron que había problemas con la Apolo 13, prácticamente *todos* en esa organización se pusieron a trabajar.) Echaron mano a los más experimentados especialistas que tenían y establecieron rápidamente una amplia red de simuladores, computadores y expertos. La NASA declaró:

En el Centro de naves tripuladas en Houston, los astronautas Alan Shepard y Ed Mitchell operaron uno de los simuladores del módulo lunar mientras Gene Cernan y David Scott trabajaban en el otro. En Cabo Kennedy, el astronauta Dick Gordon simulaba maniobras de emergencias en un tercer módulo lunar. Un equipo de especialistas en simulación trabajó sin descanso las veinticuatro horas del día. No hubo procedimiento, instrucción de maniobra, ni lista de comprobación trasmitido a la tripulación que no fuera probado ampliamente con anticipación.[6]

Tan fácil como un, dos y tres

La primera tarea del equipo fue lograr que el módulo lunar, que había sido diseñado para apoyar a dos hombres durante 49 horas y media, pudiera sostener a tres hombres durante 84 horas. Ellos hicieron esto después de decidir cómo poner la nave a trabajar usando la menor cantidad de sistemas, lo que les permitiría emplear menos de una cuarta parte de la energía normal.

Luego, tenían que poner la nave espacial en un curso que le permitiera regresar a la tierra. Esto tampoco fue un trabajo sencillo ya que tendrían que usar el pequeño motor del módulo lunar y el sistema de dirección estaba fuera de uso. Pero entre el esfuerzo de la tripulación, la habilidad de los fabricantes del módulo lunar y los cálculos hechos por el Equipo Tigre, pudieron hacerlo. Ellos también aumentaron la velocidad de la nave para reducir la duración del vuelo, lo que les permitiría ahorrar cantidades preciosas de agua y energía.

El tercer gran desafío del equipo fue hacer que el aire que la tripulación respiraba fuera seguro. El oxígeno no era problema porque el pequeño módulo lunar tenía una buena provisión de ese elemento. Pero las formaciones de dióxido de carbono podían llegar a niveles peligrosos porque la pequeña nave, proyectada para descender en la luna, no había sido diseñada para eliminarlo en suficiente cantidad. Por eso la tripulación en tierra dio con una forma ingeniosa de adaptar los filtros de hidróxido de litio del módulo del comando para que pudieran trabajar con el sistema no compatible del módulo lunar.

Cada vez que el equipo masivo de la NASA enfrentaba un obstáculo que amenazaba con dejar a la tripulación abandonada en el espacio, su inventiva, su tenacidad característica y su alta disposición de cooperar entre ellos les permitieron conseguir su objetivo. Como resultado, el 17 de abril de 1970, la tripulación de la nave espacial *Odyssey* regresó sana y salva a la tierra. A la NASA le gusta llamar a aquella misión un «fracaso exitoso». Yo lo llamo una lección de la Ley del Monte Everest. *A medida que el desafío crece, la necesidad de un trabajo en equipo aumenta.*

Poner hombres en la luna es un reto de increíbles proporciones. Pero traerlos de regreso a casa cuando a 322 mil kilómetros de distancia las cosas no están saliendo bien es un reto aun mayor. Afortunadamente para estos hombres, el equipo ideal estaba listo y en sus puestos cuando surgieron los problemas. Y esa es una de las grandes lecciones de Apolo 13. El tiempo para armar su equipo no es cuando esté en una situación de vida o muerte sino mucho antes que tal situación se presente. Si todavía no lo tiene, comience hoy mismo de modo que cuando el gran desafío llegue, usted y su equipo estén listos.

♥

PENSAMIENTO DEL EQUIPO DE TRABAJO

El tamaño de su sueño debe determinar el tamaño
de su equipo.

CÓMO SER UN MEJOR MIEMBRO DEL EQUIPO

¿Cuál es su primera reacción natural cuando un desafío se pone difícil? ¿Se aísla del resto del mundo para pensar? ¿Trata de resolver el problema solo? ¿Se aleja de los demás para evitar presiones? ¿O se apoya en sus compañeros y deja que ellos se apoyen en usted?

Si aun no lo hace, aprenda a reunirse con sus compañeros de equipo. Solo no podrá enfrentar con éxito un gran desafío. Como lo declaró Tenzing: «En una gran montaña, nadie abandona a sus compañeros y se lanza a la conquista de la cima solo».[7]

Cómo ser un mejor líder del equipo

¿Qué clase de ajuste necesita hacer para crear su equipo ideal, el que puede enfrentar con éxito los desafíos que habrán de presentársele? ¿Necesita pasar más tiempo ayudando a su gente a que se desarrolle? ¿Necesita agregar algunos miembros claves al equipo? ¿O debería hacer cambios en su liderazgo? Y, por supuesto, no se olvide que usted también necesita mantenerse creciendo. Lo que es válido para un miembro del equipo es igualmente válido para el líder: Si usted no ha estado creciendo, es tiempo de empezar.

5

LA LEY DE LA CADENA

Todo equipo es tan fuerte como lo es su eslabón más débil

El 24 de marzo de 1989, se divulgó la noticia de que en el estrecho Príncipe William de Alaska había ocurrido un accidente con desastrosas consecuencias para el medio ambiente. El barco petrolero *Exxon Valdez* había encallado en el arrecife Bligh provocando una rotura en el casco que afectó a ocho de los once tanques de la nave. El resultado fue que se derramaron en el mar 10.8 millones de los 53 millones de galones de petróleo que transportaba el barco.

El impacto negativo en el área fue inmenso. La pesca y el turismo se vieron interrumpidos, dañando la economía de la región. Los efectos en el medio ambiente fueron incalculables. Los expertos estimaron que habrían muerto 250 mil aves marinas, 2,800 nutrias, 300 focas, 250 águilas calvas, 22 orcas y miles de millones de huevos de peces comestibles como salmones y arenques. Aunque el del Exxon Valdez no fue el peor accidente de este tipo, los expertos consideran que en términos de daños al medio ambiente ha sido el peor.[1]

Por supuesto, la Exxon, propietaria del barco, también pagó su precio. Sus representantes estiman que el accidente les costó 3,500 *millones* de dólares:

- 2,200 millones en limpieza

- 300 millones en pago por demandas

- 1,000 millones en costos estatales y federales.[2]

Pero eso no es todo. Además de lo que la compañía Exxon ya ha pagado, es probable que tengan que pagar 5,000 millones adicionales por concepto de daños punitivos, un juicio que después de más de una década de ocurrido el accidente todavía están tratando de revertir a través del proceso de apelación. ¿Cuál fue la causa de este accidente que ha tenido costos tan altos? La respuesta se puede encontrar en la Ley de la Cadena.

LA CADENA SE ROMPE

Cuando el 23 de marzo se desconectó de la terminal de Alyeska, el *Exxon Valdez* inició lo que parecía ser una travesía rutinaria. Un experto guió a la nave a través del estrecho Valdez y luego entregó el mando a su capitán, Joe Hazelwood. Él ordenó que se pusiera a la nave en un curso determinado, entregó los controles a Gregory Cousins, tercer oficial y abandonó el puente. Treinta y cinco minutos más tarde, el *Exxon Valdez* encallaba en un arrecife y derramaba en el mar toneladas de petróleo.

Las investigaciones que siguieron al accidente pintaron un cuadro muy feo: descuido en las medidas de seguridad, desatención a las políticas de la compañía y falta de idoneidad en la toma de decisiones. El capitán había estado bebiendo en las horas previas a que tomara el control del barco. Mientras el tanquero navegaba a través de los estrechos Valdez, en la sala del timonel permanecía solo un oficial, en lugar de los dos que se requería. Y esto se mantuvo así después que el experto entregó el mando. (Además, ese oficial, Cousins, había venido cumpliendo un horario excesivo de trabajo, lo que hace suponer que la fatiga de que era víctima contribuyó al error en la navegación que desembocó en el accidente.) Tampoco había un vigía permanente en el puente mientras la nave avanzaba.

Hubo también discrepancias entre lo que el capitán Hazelwood informó al Centro de Tráfico que hizo y las órdenes que en realidad dio. A las 11 y media de la noche el capitán avisó por radio que tomaría un curso de 200 grados y reduciría la velocidad a causa de los témpanos de hielo con los que se encontraban de vez en cuando en la ruta que llevaban. Pero la lectura de los motores demostró que la velocidad se mantuvo en aumento. Nueve minutos después, el capitán ordenó que el barco tomara un curso de 180 grados y se conectara el piloto automático, pero nunca informó al centro de tráfico del cambio. Y, a las 11.53, abandonó el puente de mando.

Cuatro minutos después de medianoche, el barco estaba en el arrecife. Por casi dos horas, primero Cousins y luego Hazelwood trataron de sacarlo de allí, mientras el petróleo se vertía en el mar. Se estima que durante las primeras tres horas el barco perdió 5.8 millones de galones de petróleo. Para entonces, el daño ya estaba hecho y el eslabón débil había roto la cadena. La costa de Alaska era un desastre y la carrera de Hazelwood como capitán del barco había llegado a su fin, mientras que la Exxon empezaba a sufrir los efectos de una pesadilla en materia de relaciones públicas y tenía que enfrentar crecientes obligaciones financieras.

Aunque a cualquier equipo le gusta medirse por sus mejores hombres, la verdad es que *todo equipo es tan fuerte como lo es su eslabón más débil.* No importa cuánto traten de racionalizarlo, compensarlo u ocultarlo, finalmente un eslabón débil quedará en evidencia. Esa es la Ley de la Cadena.

SU EQUIPO NO ES PARA TODOS

Uno de los errores que con frecuencia cometía al comienzo de mi carrera como líder de un equipo era creer que todos los que estaban en mi equipo se mantendrían en él. Había varias razones para pensar así. Primero, yo tiendo a ver instintivamente lo mejor de cada persona. Cuando observo a individuos con potencial veo todo lo que pueden llegar a ser aunque ellos mismos no lo vean. Y trato de animarlos y equiparlos para que sean mejores de lo que son. Segundo, en realidad me gusta la gente. Mientras más se involucran en algo, más grande es la alegría. Y tercero, porque al tener visión y creer que mis metas valen la pena y son beneficiosas, a veces en forma ingenua asumo que todo el mundo querrá involucrarse conmigo.

Pero solo porque yo quiera unirme a todos no significa que siempre todo habrá de salir bien. Mi primera experiencia importante en cuanto a esto ocurrió en 1980 cuando se me ofreció un trabajo de ejecutivo en la sede mundial Wesleyana en Marion, Indiana. Cuando lo acepté, invité a mi asistente a que fuera conmigo para integrar el equipo que tendría que formar. Ella y su esposo pusieron mi oferta bajo consideración y viajaron a Marion para echar una mirada. Nunca olvidaré el día cuando volvieron. Mientras les hablaba con todo entusiasmo acerca de los desafíos que teníamos por delante y cómo iríamos enfrentándolos, empecé a ver en sus rostros algo que me decía que las cosas no estaban del todo bien. Y esta impresión quedó confirmada cuando hablaron. Habían decidido no aceptar mi oferta. No irían a Marion.

Aquello me tomó por completa sorpresa. Me pareció que estaban cometiendo un error y así se los manifesté, tratando de convencerlos para que cambiaran de actitud. Pero mi esposa, Margaret, me dijo algo muy sabio: «John, tu problema es que quieres llevar contigo a todo el mundo. Pero no todos te van a decir que sí. Acepta eso». Fue una buena lección que aprendí y que aun sigo aprendiendo.

Por esa experiencia y otras que he tenido a partir de entonces he descubierto que cuando se trata de trabajo en equipo:

1. No todos quieren decir que sí

Algunas personas sencillamente no quieren hacerlo. Mi asistente y su esposo querían seguir viviendo en Lancaster, Ohio, donde habían establecido un ambiente de relaciones desde hacía varios años. Para otros, el asunto es cuestión de actitud. Sencillamente no quieren el cambio, no quieren crecer o conquistar nuevos territorios. Se aferran al statu quo. Todo lo que hay que hacer con estas personas es agradecerles amablemente por sus contribuciones pasadas y seguir adelante.

2. No todos deben decir que sí

Otras personas no deberían unirse a un equipo simplemente por cuestión de *agenda*. Tienen otros planes, y las metas de usted no son el lugar apropiado para ellos. Lo mejor que puede hacer con este tipo de personas es desearles éxito y hasta donde le sea posible, ayudarles en sus propios planes para que triunfen en lo que hagan.

3. No todos pueden decir que sí

Para el tercer grupo de personas, el asunto es de capacidad. Es posible que no sean capaces de mantener el ritmo con los demás miembros del equipo o ayudar al grupo a llegar al lugar a donde quieren ir. ¿Cómo se puede reconocer a esta clase de personas? No son muy difíciles de identificar porque a menudo:

- No pueden mantener el ritmo con los demás miembros del equipo
- No se desarrollan en su área de responsabilidad
- No pueden ver el cuadro completo
- No están dispuestos a trabajar en sus puntos débiles
- No están dispuestos a trabajar con el resto del equipo
- No pueden cumplir las expectativas para su área

Si usted tiene personas que muestren una o más de estas características, entonces necesita reconocer que se trata de eslabones débiles.

Lo anterior no significa que se trata necesariamente de malos elementos. En realidad, hay algunos equipos que existen para servir a los eslabones débiles y ayudarles a ser fuertes. Depende de cuáles sean las metas del equipo. Por ejemplo, en un tiempo de mi pastorado, llegábamos a las personas de la comunidad para ayudarlas con alimentos y otras necesidades. Ayudamos a personas con adicciones, a otras que se recuperaban de divorcios y muchos otros problemas. Nuestra meta era servirles. Es bueno y apropiado ayudar a las personas que se encuentran en tales circunstancias. Pero integrarlos al equipo cuando están destrozados no solo no les ayuda sino que causa daño al equipo. Además, hace que no se logren las metas de servicio.

Si usted se da cuenta que en su equipo tiene eslabones débiles, tiene dos cosas por hacer: entrenarlos o deshacerse de ellos. Por supuesto, su primera prioridad siempre debe ser entrenarlos. Esto puede hacerse en varias maneras: proveyéndoles libros para que lean, enviándolos a conferencias, presentándoles nuevos desafíos, poniéndoles mentores. Yo creo que con frecuencia la gente alcanzará el nivel de sus expectativas. Déles esperanza y entrenamiento y mejorarán.

¿Pero qué tendría que hacer si un miembro del equipo está fallando continuamente, incluso después de haber recibido entrenamiento especial, aliento y oportunidades para mejorar? Mi padre acostumbraba usar este refrán: «El agua busca su nivel». Es posible que alguien que es un eslabón débil en su equipo llegue a ser una estrella en otro equipo. Usted necesita darle a esa persona la oportunidad de encontrar su propio nivel en otra parte.

EL IMPACTO DE UN ESLABÓN DÉBIL

Si usted es un líder de equipo, no puede evitar tener que contender con eslabones débiles. Los miembros de un equipo que no son capaces de cargar con su propio peso no solo hacen torpe la marcha del equipo, sino que afectan a su liderazgo. Eche una mirada a algunas de las cosas que ocurren cuando un eslabón débil se mantiene en el equipo:

1. Los miembros más fuertes identifican al más débil

Un eslabón débil no se puede ocultar, excepto en un grupo de personas débiles. Si en su equipo usted tiene personas fuertes, ellos siempre saben quién es el que no está alcanzando el nivel requerido.

2. Los miembros más fuertes tienen que ayudar al débil

Si su gente tiene que trabajar unida como equipo para hacer el trabajo, eso significa que tienen dos alternativas cuando se da el caso de un compañero débil. Pueden ignorar a esa persona y dejar que todo el equipo sufra, o ayudarlo para que alcance las metas. Si tienen sentido de equipo, lo van a ayudar.

3. Los miembros más fuertes llegan a resentirse con el débil

Sea que los miembros más fuertes ayuden o no, el resultado siempre será el mismo: resentimiento. A nadie le gusta perder o rezagarse por la misma persona.

4. Los miembros más fuertes serán menos efectivos

Cuando usted, además de la suya, tiene que llevar la carga de otro, su rendimiento está amenazado. Haga eso por un largo tiempo, y todo el equipo sufrirá.

5. Los miembros más fuertes ponen en duda la capacidad del líder

Finalmente, cada vez que el líder permite que el eslabón débil permanezca siendo parte del equipo, los demás miembros que se sienten forzados a compensar el déficit de éste, empiezan a dudar del valor y discernimiento del líder. Usted pierde el respeto de lo mejor cuando no actúa inteligentemente en cuanto a lo peor.

Los miembros del equipo pueden evitar la dura decisión de confrontar a sus compañeros que están fallando, pero el líder no puede. Precisamente, una de las diferencias entre los líderes y los seguidores es la acción. A menudo los seguidores saben lo que tienen que hacer, pero no quieren o no pueden asumir su responsabilidad. Pero debe saber esto: si otras personas en el equipo hacen decisiones por usted debido a que usted no quiere o no puede hacerlas, entonces su liderazgo está comprometido y usted no está sirviendo adecuadamente al equipo.

> *Usted pierde el respeto de lo mejor cuando no actúa inteligentemente en cuanto a lo peor.*

FORTALECER LA CADENA

Los miembros débiles del equipo siempre absorben más del tiempo del equipo que los fuertes. Una razón es que las personas más competentes tienen que dar de su tiempo para compensar por aquellos que no llevan la parte de la carga que les corresponde. Mientras mayor sea la diferencia en competencia entre los grandes ejecutores y los débiles, mayor es el daño que se infiere al equipo. Por ejemplo, si usted califica a la gente en una escala de uno a diez, un «5» entre varios «10» realmente dañará al equipo, mientras un «8» entre varios «10» a menudo no incide en nada.

Déjeme mostrarle cómo trabaja esto. Cuando usted forma por primera vez un equipo, los talentos de las personas se unen en una forma que es análoga a una suma; de esta manera, un «5» entre varios «10» se ve así:

$$10 + 10 + 10 + 10 + 5 = 45.$$

La diferencia entre esta clase de equipo y uno muy bueno que tenga cinco «10» es igual a la diferencia entre 50 y 45. Es una diferencia de 10 por ciento. Pero una vez que se forma un equipo y empieza a desarrollar química, sinergia e ímpetu, la forma en que se unen los talentos de sus miembros es análoga a una multiplicación. Aquí es, precisamente, donde un eslabón débil empieza a perjudicar al equipo. Es la diferencia entre este

$$10 \times 10 \times 10 \times 10 \times 10 = 100,000$$

y este

$$10 \times 10 \times 10 \times 10 \times 5 = 50,000$$

¡Esa es una diferencia de cincuenta por ciento! El poder y el ímpetu del equipo son capaces, por un tiempo, de compensar el déficit de un eslabón débil, pero no para siempre. Un eslabón débil siempre terminará por afectar el ímpetu y el potencial del equipo.

Irónicamente, los eslabones débiles son menos conscientes de su debilidad y deficiencia que los miembros fuertes. También pasan más tiempo cuidando sus metros cuadrados, asegurando sus posiciones y defendiendo lo que tienen. Y sepa esto: cuando se trata de interactuar entre personas, por lo general los débiles controlan la relación. Por ejemplo, alguien con una buena autoimagen es más flexible que una persona con una pobre autoimagen. Una persona con una visión clara actúa más pronto que alguien sin ella. Una persona con una gran capacidad y mucha energía consigue más y trabaja más tiempo que una con menos capacidades. Si esas dos personas trabajan juntas, el miembro fuerte debe preocuparse constantemente del débil y esperar por él. Eso determina lo que ocurre en el proceso.

Si su equipo tiene un eslabón débil que no puede o no quiere ponerse a la altura del resto del equipo y usted ha hecho todo lo que ha podido para ayudar a la persona a mejorar, entonces ha llegado el momento de tomar una decisión. Cuando lo haga, atienda al consejo de los autores Danny Cox y John Hoover. Si necesita quitar a alguien del equipo, hágalo con discreción, con claridad, con sinceridad y sea breve. Luego, una vez que la persona haya salido, sea franco con el resto del equipo sin dejar de mostrar respeto y aprecio por la persona que se ha ido.[3] Y si antes o después de la acción usted empieza a dudar, recuerde esto: Si el eslabón débil se mantiene como parte del equipo, todo el resto sufrirá.

¡NADA DE ESLABONES DÉBILES!

Nadie quiere tener eslabones débiles en su equipo, que hagan que no se logren las metas y objetivos. No obstante, todos hemos tenido que trabajar con personas así. Y a veces hemos obtenido buenas experiencias: hay gran recompensa personal cuando ayudamos a compañeros a pasar de ser eslabones débiles a miembros fuertes del equipo, e incluso, a que terminen siendo verdaderos elementos estrellas. Pero, para bien o para mal, una parte inevitable de pertenecer a un equipo es tener que convivir con estas personas de bajo rendimiento. Podría decirse que no hay equipo que no tenga al menos a una de estas personas.

Como ya lo he mencionado, a menudo la meta de un equipo está determinada por la forma en que se puede trabajar con un eslabón débil. Otras veces, las demandas para un equipo son tan altas que sus miembros no pueden permitirse el lujo de tener un eslabón débil. Y ese es el caso de los SEAL de la Marina de Estados Unidos. La clase de trabajo que ellos hacen es tan exigente que una persona débil en el equipo puede significar la muerte de todo el grupo.

En años recientes los SEAL han generado un enorme interés popular. Han sido los protagonistas de numerosas novelas y películas. Han captado la imaginación de la gente debido a que son considerados lo mejor de lo mejor. Como un ex SEAL dijo: «Ningún grupo de hombres está tan cerca de la perfección en el campo de su elección como los SEAL».

Los SEAL fueron creados por el Presidente John F. Kennedy en 1962. Habían evolucionado de unos equipos de demolición submarina desarrollados durante la Segunda Guerra Mundial para limpiar de obstáculos las áreas de aterrizaje anfibio en playas como Omaha y Utah, en Normandía, y más tarde en las islas del Pacífico. Como todas las fuerzas de operaciones especiales en las diversas ramas de las fuerzas armadas de Estados Unidos, son expertos en armamento, combate cuerpo a cuerpo, demolición y también han sido entrenados para lanzarse en paracaídas. Pero su especialidad está en operaciones en el mar. Esto ha dado origen a su nombre: SEAL indica que ellos son capaces de operar en SEA (mar), desde el Air (aire) y en Land (tierra).

CÓMO SE FORJA LA CADENA

La clave del éxito de los SEAL es su entrenamiento, cuyo énfasis real no es aprender sobre armas y adquirir habilidades técnicas, sino que tiene que ver con desarrollar la capacidad de la gente y establecer equipos de trabajo. Las armas cambian y de la misma manera los métodos para dirigir operaciones, pero el intenso entrenamiento mental y físico ha permanecido casi completamente inalterado por cincuenta años. El comandante en jefe del Comando de Operaciones Especiales de Estados Unidos, el general Peter J. Schoomaker ha dicho: «Todo menos nuestros valores esenciales está sobre la mesa; para lograr llevar a cabo el trabajo tenemos que estar listos para cambiar lo que sea, menos estos valores. Los valores esenciales del equipo SEAL son las personas».[4]

Para tener a las personas correctas en el equipo debe comenzarse con el proceso de selección. Solo cierta clase de personas estarán dispuestas a pasar por el entrenamiento de los SEAL. Y de los que deciden hacerlo solo uno de cada diez es aceptado. (La Marina recomienda que los candidatos corran al menos treinta millas en una semana y naden largas distancias *antes* que se consideren aceptables.) Los que son aceptados deben someterse a veintiséis semanas de intensas tensiones físicas, psicológicas y mentales. Las demandas físicas y emocionales del entrenamiento son tales que hacen que otros campos de entrenamiento de la Marina parezcan un paseo campestre. John Roat, que se sometió a este entrenamiento fue uno de los primeros miembros del equipo original formado en 1962. Dice que más de 1,300 hombres trataron de entrar, pero el programa aceptó a 134. La barra para el entrenamiento físico era tan alta que desde el primer día los candidatos empezaron a desertar. Para él, eso era bueno. Dice:

Todavía quedaban unos 130 hombres cuando los instructores nos dividieron en grupos de diez y nos dieron nuestros botes

... Cada grupo tenía que llevar su bote sobre las cabezas de modo que cuando uno de los miembros del grupo desmayaba, eso repercutía en todos los demás. No había forma de aprender a trabajar como equipo mientras los hombres que tenían que salir, salieran. Mientras permanecían allí, eran un factor adicional de sufrimiento para todos. Suena duro, pero así es la vida.[5]

Durante las primeras cinco semanas, el entrenamiento es tortuoso y las exigencias físicas son increíbles. Luego viene la «semana del infierno» que son cinco días de constantes desafíos físicos y mentales donde a los aprendices se les mantiene despiertos y activos durante la semana entera, salvo cuatro o cinco horas. Es la prueba que elimina a los eslabones débiles que todavía quedan y, al mismo tiempo, da forma al equipo definitivo. Roat describe así el impacto de esa parte del entrenamiento:

Cada grupo aprende las mismas cosas durante la «semana del infierno». Usted puede llegar a límites que no se había imaginado, pero no puede hacerlo solo y los que caen, se quedan ahí. La «semana del infierno» ha cambiado menos que otras partes del entrenamiento por una simple razón: Los instructores no pueden encontrar una forma mejor. No se puede seleccionar a la gente por lo bien que luce. No hay examen escrito que determine qué hombre está capacitado para ser parte del equipo. Si fuera posible conseguir buenos operadores reduciendo el entrenamiento a simples entrevistas y a respuestas de sí o no, la marina estaría encantada. El problema es que los psicólogos no pueden predecir quién va a sobrevivir después de cinco días sin dormir, con una presión constante y demandas físicas imposibles. Por eso se mantiene el programa.[6]

El entrenamiento de los SEAL es tan intenso que ha habido grupos donde no ha aprobado *nadie*. En el caso del grupo de Roat se graduaron 49 de los 134 que comenzaron. El sentimiento de aquellos que aprobaron pese a las tensiones y al dolor puede bien estar representado por las palabras de uno de los compañeros de Roat: «No podía fallar. Habría afectado a todos mis compañeros. Simplemente no pude fallar».

Los SEAL de la Marina son considerados por muchos como la elite entre las ya compañías elite de las fuerzas de operaciones especiales en las fuerzas armadas de Estados Unidos. Su interacción es la definición de equipo de trabajo y dependen el uno del otro a un grado que la mayor parte de la gente no puede entender y además nunca experimentará. Su sobrevivencia depende de ello. Y por tal razón, no pueden permitirse tener ni un eslabón débil.

Aunque usted seguramente nunca va a tener que enfrentar el tipo de presiones que deben soportar los SEAL, puede estar seguro de esto: *Un equipo es tan fuerte como lo es su eslabón más débil.* No importa en qué clase de equipo se encuentre, esto siempre es verdad. Es la Ley de la Cadena.

PENSAMIENTO DEL EQUIPO DE TRABAJO

El equipo no puede ignorar sus puntos débiles
en forma permanente.

CÓMO SER UN MEJOR MIEMBRO DEL EQUIPO

La inclinación natural de la mayoría de la gente es juzgarse según sus mejores cualidades a la vez que miden a los demás según las peores. Como resultado, señalan áreas donde sus compañeros de equipo necesitan crecer. Pero la verdad es que cada persona es responsable por su propio crecimiento.

Analícese usted. Usando el criterio del capítulo, examínese para ver dónde pudiera estar obstruyendo a su equipo. Marque el cuadrado de la página siguiente bajo la palabra «yo» para cada asunto que concierna a usted. Y si en verdad tiene valor, pídale a su cónyuge o a un buen amigo que lo evalúe haciendo una marca en el cuadrado correspondiente a la palabra «amigo»:

Evaluado por		Asuntos posibles
Yo	**Amigo**	
☐	☐	*Le cuesta mantenerse a nivel de los demás miembros del equipo*
☐	☐	*No estoy creciendo en mi área de responsabilidad*
☐	☐	*Le cuesta ver el cuadro completo*
☐	☐	*Se me hace difícil ver mis propias debilidades*
☐	☐	*Le cuesta trabajar con el resto del equipo*
☐	☐	*Falla vez tras vez en llenar las expectativas en áreas de responsabilidad*

Si usted (o la otra persona que lo evaluó) marca más de un cuadrado, necesita entrar en un plan de crecimiento para no afectar a su equipo. Hable con el líder de su equipo o con un consejero de confianza sobre las formas de desarrollarse en sus áreas débiles.

Cómo ser un mejor líder del equipo

Si usted es un líder de un equipo, no puede ignorar las situaciones creadas por un eslabón débil. Hay soluciones apropiadas según sea la clase de equipo. Si el equipo es una familia, entonces no se trata, simplemente, de prescindir de la persona que constituye un eslabón débil. Tiene que trabajar con ella con amor, ayudarla a crecer, a la vez que debe tratar de minimizar los daños que pudiera causar a otros miembros de la familia. Si el equipo es un negocio, entonces usted es responsable ante el propietario o los administradores. Si ha ofrecido entrenamiento sin éxito, quizás lo mejor sea deshacerse del eslabón débil. Si el equipo es un ministerio y el entrenamiento no ha dado los resultados esperados, quizás lo apropiado sea pedir a las personas débiles que se abstengan de participar en el equipo por un tiempo. Es posible que necesiten alejarse del equipo por un tiempo para trabajar en áreas emocionales y espirituales.

No importa cuál sea la situación que enfrente usted, recuerde que sus responsabilidades ante los demás siguen el siguiente orden: a la organización, al equipo y finalmente al individuo. Al final vienen sus propios intereses y tranquilidad.

6

LA LEY DEL CATALIZADOR

Los equipos triunfantes tienen jugadores que hacen
que las cosas sucedan

La mayoría de los equipos no mejoran naturalmente por sí mismos. Si se les deja solos no crecen, no progresan, ni alcanzan el calibre de campeones. Al contrario, tienden a decaer. La vía hacia el nivel siguiente siempre es cuesta arriba. Si un equipo no lucha con ansias por subir, entonces inevitablemente se desliza hacia abajo, pierde el norte, se desentona, decae su energía, se rompe su unidad y pierde el ímpetu. En algún momento también pierde sus jugadores claves. Además es solo cuestión de tiempo que se estanque y caiga definitivamente en la mediocridad. ¡Por eso es que un equipo que alcanza su potencial siempre tiene un catalizador!

> *Los catalizadores son personas que logran lo que se proponen, y aun más.*

DEFINICIÓN DE CATALIZADOR

Los catalizadores son personas que logran lo que se proponen, y aun más. Michael Jordan es el catalizador más grandioso que he tenido el privilegio de ver en acción.

Según muchas personas (entre ellas yo), es el más extraordinario basquetbolista, no solo por su talento, capacidad atlética y comprensión del deporte sino también por su habilidad como catalizador. Su currículo como aficionado y profesional con los Bulls de Chicago confirma tal habilidad:

- Gana el campeonato de primera división de la NCAA [Asociación atlética nacional universitaria, por sus siglas en inglés] (1982)

- Nominado dos veces como el jugador universitario del año por el *Sporting News* (1983 y 1984)

- Recibe los premios Naismith y Wooden (1984)

- Gana dos medallas olímpicas de oro (1984 y 1992)

- Gana seis campeonatos de la NBA (1991, 1992, 1993, 1996, 1997, 1998)

- Seleccionado el Novato del Año de la NBA (1985)

- Seleccionado para el equipo de Mejores Novatos de la NBA (1985)

- Seleccionado diez veces para el equipo de las Estrellas de toda la NBA (1987, 1988, 1989, 1990, 1991, 1992, 1993, 1996, 1997, 1998)

- Tiene el récord de máximo anotador promedio en la profesión (31.5 puntos por partido)

- Tiene el récord en la NBA de más temporadas como máximo anotador de la liga (10)

- Tiene el récord en la NBA de más temporadas en la liga como puntero en canastas hechas (10) y tentativas (10)

- Tercero en la historia de la NBA como anotador (29,277), tercero en recuperaciones (2,306), y cuarto en canastas hechas (10,962)

- Nominado por la NBA como el jugador defensivo del año en 1985 (después de ser criticado de que era solamente un jugador ofensivo)

- Seleccionado ocho veces para el mejor equipo defensivo de toda la NBA (1988, 1989, 1990, 1991, 1993, 1997, 1998)

- Nominado cinco veces como el jugador más valioso de la NBA (1988, 1991, 1992, 1996, 1998)

- Nominado seis veces en las finales como el jugador más valioso de la NBA (1991, 1992, 1993, 1996 1997, 1998)

- Nominado como uno de los cincuenta jugadores más extraordinarios en la historia de la NBA.

Las estadísticas expresan la grandeza de Jordan, pero en realidad no manifiestan toda la historia. Para eso usted tendría que verlo en acción. Cuando era necesario sacar de apuros al equipo de los Toros, la pelota iba a Jordan. Cuando se necesitaba que un jugador hiciera el último lanzamiento para ganar un partido, la pelota iba a Jordan. Aun si el equipo necesitaba que todo marchara bien en los entrenamientos, la pelota iba a Jordan. Sin importar qué situación se presentara en la cancha, Jordan era capaz de poner al equipo en condiciones de ganar el partido. Ese siempre es el caso de los equipos campeones. *Los equipos triunfantes tienen jugadores que hacen que las cosas sucedan.* Esa es la Ley del Catalizador.

SEGUIR HACIENDO QUE LAS COSAS TODAVÍA SUCEDAN

Como quizás usted sepa, Michael Jordan se ha retirado del básquetbol como jugador. Sin embargo, aún es parte del juego. A principios del año 2000 se convirtió en copropietario y presidente de operaciones basquetbolísticas de los Wizards de Washington. A la semana de ser parte de la organización, Jordan se puso una camiseta de los Wizards con el número veintitrés y se unió al club en un entrenamiento.

Tracy Murry, delantero de los Wizards que marcó a Jordan en algunas jugadas, comentó después: «Él definitivamente se mueve como siempre ... escondiendo la pelota, anotando en salto, desvaneciéndose. Aun muestra el mismo juego, el cual no ha desaparecido».

Nadie esperaba que el talento de Jordan disminuyera, especialmente después de dos años de retiro. Pero su habilidad como catalizador tampoco había disminuido. Murry continuó: «Y tan pronto como entra a ese gimnasio, él comienza a decir boberías, lo que por supuesto hace que surja la intensidad».

La intensidad es lo que brinda todo catalizador. Un comentarista observó acerca de la visita de Jordan a la cancha: «Por tratarse de él, el entrenamiento de los Wizards se convirtió en algo más divertido y enérgico de lo que había sido».

He aquí la reacción de Jordan: «Esto es lo que deberíamos esperar todos los días. En realidad les digo que no deberían esperar que yo saliera para mostrar la energía que tuvieron hoy. Solo intenté mantener enfocado al equipo, desafiándolo, diciendo cualquier cosa que tuviera que decir. Si sus miembros pueden jugar con firmeza contra mí, también pueden hacerlo contra cualquier otro. Fue divertido».[1]

Eso es lo que siempre sucede con un catalizador. Diversión. Lo que más les gusta es revolucionar el equipo, lograr que se realicen las cosas, hacer lo que sea para llevar al equipo al siguiente nivel. Cuando un catalizador actúa así continuamente, el equipo se vuelve expectante, seguro, se crece y finalmente causa asombro. Esa es la Ley del Catalizador. *¡Los equipos triunfantes tienen jugadores que hacen que las cosas sucedan!*

TRES CLASES DE JUGADORES

Un catalizador se vuelve crucial en momentos difíciles, ya sea que se trate del vendedor que logra la meta «imposible», el jugador que realiza la jugada magistral o el padre que lleva a su hijo a creer en sí mismo en un instante crítico en la vida. Un equipo no puede lograr sus metas más importantes, y ni siquiera ganar terreno si no tiene un catalizador.

Mi experiencia con equipos me ha enseñado que lo aplicable a los deportes también se aplica a las relaciones de negocios, ministeriales y familiares. Cuando el tiempo se acaba y el juego está en peligro, en realidad solo hay tres clases de personas en un equipo:

1. Los individuos que no quieren la pelota

Algunas personas no tienen la capacidad de ser confiables para el equipo en situaciones de suma presión, y lo saben. En consecuencia no quieren la responsabilidad de llevar al equipo a la victoria. Y ésta no se les debería dar. Solo se les debe permitir jugar en sus áreas de fortaleza.

2. Los individuos que quieren la pelota pero no deberían tenerla

Un segundo grupo contiene personas que no logran llevar al equipo a la victoria. El problema es que *no saben* que no pueden. A menudo la causa es que el ego de estos jugadores es más grande que su talento. Esta clase de sujetos es peligrosa para un equipo.

3. Los individuos que quieren la pelota y deberían tenerla

El grupo final, el cual siempre es el más pequeño, consta de personas que quieren ser el «soporte» a la hora de la verdad y que en realidad pueden hacerlo. Son capaces de empujar, arrastrar o llevar al equipo a nuevos niveles en momentos de dificultad. Estos son los catalizadores.

Todo equipo necesita catalizadores si quiere tener alguna esperanza de ganar continuamente. Sin ellos hasta un equipo repleto de talentos no puede lograr el nivel más elevado. Vi esto con los Bravos de Atlanta a finales de la década de los noventa, y de nuevo en el 2000. Tenían los mejores lanzadores de inicio en el béisbol. Tenían firmes bateadores, fildeadores de primera plana, y gran talento en las reservas. Algunos miembros del equipo habían recibido reconocimientos de jugadores más valiosos de la liga o de novatos del año. Sin embargo, no tenían los jugadores catalizadores necesarios para convertirse en campeones de la serie mundial.

CARACTERÍSTICAS DE UN CATALIZADOR

Es fácil señalar un catalizador de equipo después de que ha influido en el grupo y lo ha llevado a la victoria, especialmente en el mundo de los deportes. Usted puede ver los momentos particulares en que la persona fue a un nivel totalmente nuevo y al mismo tiempo llevó allá al equipo. Pero, ¿cómo reconocer de *antemano* a un catalizador? ¿Cómo buscar personas catalizadoras para su equipo actual?

No importa qué tipo de «partido» juegue o en qué clase de equipo esté, usted puede estar seguro de que los catalizadores tienen ciertas características que los hacen diferentes de sus compañeros. He observado nueve cualidades que siempre se presentan en los catalizadores con quienes he interactuado. Ellas son:

1. Intuitivos

Los catalizadores sienten cosas que otros no sienten. Pueden reconocer una debilidad en un adversario. Pueden percibir una oportunidad que otros no ven. Pueden hacer una jugada intuitiva que convierte una desventaja en ventaja. Cualquier cosa que sea lo que sientan, son capaces de usarla para empujar al equipo a la victoria.

La forma en que la intuición se manifiesta cambia según las diferentes clases de equipos. Eso tiene sentido debido a que la meta del grupo determina lo que el equipo valora. Otra razón es que esas personas son más intuitivas en sus áreas de fortaleza natural. De modo que el catalizador para un negocio pequeño podría ser un empresario que puede descubrir una oportunidad cuando nadie más está consciente de ella. Para un ministerio, o una organización sin ánimo de lucro, el catalizador podría ser una persona que reconoce instintivamente el liderazgo y puede reclutar voluntarios talentosos. Para un equipo de fútbol americano podría ser un mariscal de campo que siente que una defensa no se ha amoldado bien y hace la jugada con la que gana el partido. En cada caso la situación es distinta, pero el resultado es el mismo: un catalizador percibe una oportunidad, y en consecuencia el equipo se beneficia.

2. Comunicativos

Para mantener al equipo en movimiento, los catalizadores dicen cosas que otros miembros del equipo no dicen. A veces lo hacen para compartir con sus compañeros lo que han sentido instintivamente, y por consiguiente, ellos pueden estar mejor preparados para enfrentar el desafío. Otras veces su propósito es inspirar o incitar a otros miembros del equipo. Generalmente saben cuándo un compañero necesita un estímulo y cuándo necesita un puntapié.

Cada vez que usted vea un equipo que de repente cambia por completo, o sube su desempeño a otro nivel, verá a alguien en él hablando, dirigiendo e inspirando a los demás. Esto también se ve en líderes políticos fuertes. Personas como Churchill, Roosevelt y Kennedy cambiaron el mundo con sus palabras. Ellos fueron catalizadores, y los catalizadores comunican.

3. Apasionados

Los catalizadores sienten cosas que otros no sienten. Son apasionados en lo que hacen, y quieren transmitir esa pasión a sus compañeros de equipo. A veces la pasión explota como una furia controlada para lograr objetivos en su área. Otras veces se manifiesta como un entusiasmo contagioso. Sin embargo, como sea que se presente, esta puede inspirar a un equipo hacia la victoria.

El legendario jugador de béisbol Pete Rose de los Rojos de Cincinnati fue uno de los grandes catalizadores de su deporte en el siglo veinte. Una vez le preguntaron qué es lo principal en un jugador de béisbol: sus ojos, sus piernas o sus brazos. La respuesta de Rose fue contundente: «Ninguna de esas cosas. Cuando su entusiasmo aflora es que se vuelve completamente un jugador». Y también un completo catalizador.

4. Talentosos

Los catalizadores son capaces de hacer lo que otros no pueden hacer. Eso se debe a que su talento es tan fuerte como su pasión. Las personas rara vez se vuelven catalizadoras fuera de un área de pericia y talento. Eso ocurre por dos razones principales. La primera es que el talento sabe lo que se necesita para ganar. Usted no puede llevar al equipo al siguiente nivel cuando no ha llegado a dominar las habilidades necesarias para triunfar en un nivel personal. Esto no sucede por casualidad.

La segunda razón por la que las personas deban tener talento en un área en la que anhelan ser catalizadoras es que parte de serlo es influir en otros miembros del equipo. Usted no puede hacer eso si no tiene credibilidad entre ellos debido a su bajo rendimiento personal. Parte de ser un catalizador es compartir sus dones con otros para hacerlos mejorar. No se puede dar lo que no se tiene.

5. Creativos

Otra cualidad que se encuentra comúnmente en los catalizadores es la creatividad. Ellos piensan cosas que otros no piensan. Mientras la mayoría de los miembros del equipo pueden hacer cosas de memoria (o por rutina), los catalizadores piensan de modo diferente que sus compañeros. Constantemente están buscando maneras innovadoras de hacer las cosas.

El especialista de negocios y de equipos deportivos Carl Mays afirma que «la creatividad implica tomar lo que usted tiene, dónde usted esté, y sacar lo mejor de eso». Algunas veces lo que planifican puede cambiar el ritmo de un juego. Otras veces su habilidad de volver a escribir las reglas cambia toda la manera en que el juego en realidad se está desenvolviendo.

6. *Iniciativos*

Me gustan las personas creativas, y con el paso de los años he trabajado con muchas. Es más, me considero creativo, especialmente en las áreas de escribir y enseñar. Pero mi experiencia con individuos creativos me ha enseñado algo acerca de ellos: aunque todos tienen más que suficientes ideas, no todos son buenos en poner en práctica esos pensamientos creativos.

Los catalizadores no tienen este problema. Hacen cosas que otros no pueden hacer. No solamente son creativos en su modo de pensar, son disciplinados en sus acciones. Se deleitan en hacer que las cosas sucedan. Por tanto actúan. En consecuencia, cuando se mueven, hacen mover al equipo.

7. *Responsables*

Los catalizadores tienen dones que otros no tienen. Mi amigo Truett Cathy, fundador de Chik-fil-A, tiene un dicho: «Si se ha de hacer, que dependa de mí». Ese muy bien podría ser el lema de todos los catalizadores.

No hace mucho tiempo apareció un comercial en televisión que mostraba un par de asesores aconsejando al ejecutivo en jefe de una compañía sobre cómo podría llevar su empresa al siguiente nivel. El consejo era sobre cómo se podría revisar el sistema de computación de la compañía, cómo se podría mejorar el sistema de distribución, y cómo se podrían cambiar los canales de mercadeo para hacer más eficiente y rentable a la empresa.

El ejecutivo en jefe escuchó con atención todo lo que le decían, y finalmente sonrió y dijo: «Me gusta. Pues bien, háganlo».

Los asesores se miraron confundidos por un instante, y uno de ellos balbució: «En realidad *no hacemos* lo que recomendamos».

Los catalizadores no son asesores. No recomiendan un curso de acción: se responsabilizan de hacer que se cumpla.

8. Generosos

Los catalizadores dan cosas que otros no dan. Una de las verdaderas señales de que las personas toman responsabilidad es su disposición de dar de sí mismas para realizar algo. Los catalizadores muestran esa cualidad. Están preparados para usar sus recursos con el fin de mejorar al equipo, ya sea que eso signifique dar tiempo, gastar dinero, sacrificar ganancias personales, etc.

> *Los catalizadores no son asesores. No recomiendan un curso de acción: se responsabilizan de hacer que se cumpla.*

Un gran ejemplo de alguien que se entrega por el equipo se puede encontrar en la vida del hombre de negocios neoyorquino Eugene Lang. El 25 de junio de 1981, Lang habló ante sesenta y un graduados de sexto grado en la escuela primaria número 121 de Harlem Oriental, de la cual él se había graduado décadas antes. Lang sabía que de acuerdo a las estadísticas, setenta y cinco por ciento de estos chicos probablemente abandonarían sus estudios durante los seis años siguientes y no se graduarían del bachillerato. Él deseaba hacer algo que cambiara eso.

Lang comenzó por animar a los estudiantes a estudiar duro, diciéndoles que si lo hacían les seguiría el triunfo. Pero luego, sin pensarlo, pasó de asesor a catalizador. Prometió a esos muchachos que si se mantenían fieles y se graduaban del colegio, él le daría a cada uno de ellos becas en dinero para la universidad. Esa promesa fue el inicio de lo que llegó a ser el programa «Tengo un Sueño».

Cuatro años después todos los sesenta y un estudiantes aun estaban en el colegio. Dos años más tarde, noventa por ciento de los cincuenta y cuatro muchachos que permanecían en contacto con Land se graduaron del colegio, y dos tercios de ellos fueron a la universidad. Hoy día Tengo un Sueño patrocina ciento sesenta proyectos en cincuenta y siete ciudades, y afecta las vidas de diez mil muchachos y todo porque Lang decidió convertirse en un catalizador.[2]

9. *Influyentes*

Por último, los catalizadores son capaces de conducir a sus compañeros de equipo en una manera que otros no pueden. Los miembros del equipo seguirán a un catalizador aun cuando no reaccionen ante nadie más. En el caso de un miembro del equipo muy talentoso que no esté especialmente dotado en liderazgo, puede en cambio ser un catalizador eficaz en un área de pericia. Sin embargo, las personas con capacidad natural de liderazgo influirán más allá de su propio equipo.

Michael Jordan es de nuevo un ejemplo extraordinario. Es obvio que influyó en sus compañeros de equipo en Chicago. Pero su influencia se extendió más allá de los Toros. Disfruté eso de primera mano este año en el partido de las Estrellas de la NBA. Antes del juego tuve el placer de predicar en la capilla a jugadores y dirigentes, y más tarde pasé un tiempo con los árbitros que habían sido seleccionados como jueces. Durante mi plática con ellos les pregunté a qué jugador respetaban más por su sinceridad. Su respuesta fue Michael Jordan.

Uno de los árbitros narró entonces que en un juego cerrado, Danny Ainge, cuyo equipo estaba jugando contra los Toros, hizo un lanzamiento casi desde la línea de los tres puntos. Los jueces solo le dieron dos puntos por la canasta, puesto que no estaban seguros si el jugador estaba fuera de la línea de los tres puntos.

Cuando se pidió un tiempo inmediatamente después del lanzamiento, uno de los árbitros preguntó a Jordan si la canasta del adversario había sido un tiro de tres puntos. Jordan indicó que así fue. Dieron a Ainge los tres puntos. La integridad y la influencia de Jordan hicieron que ellos cambiaran radicalmente su determinación.

Cuando usted vea muchas de esas nueve cualidades en alguien de su equipo, anímese. Cuando vengan tiempos difíciles, él o ella probablemente entrará en un nivel completamente nuevo de desempeño, y también intentará llevar allá al equipo.

MI INDIVIDUO A QUIÉN ACUDIR

En mi empresa, el Grupo INJOY, tengo una cantidad de miembros del equipo que son catalizadores dentro de la organización. Sin embargo, ninguno es más fuerte que Dave Sutherland, el ejecutivo en jefe.

Dave entró a la junta en 1994 como presidente de ISS, el departamento del Grupo INJOY que ayuda a las iglesias a levantar fondos por medio de campañas de capitalización. Exactamente antes de que él llegara a la junta yo había tenido serias intenciones de cerrar ese brazo de la organización. ISS no se estaba sosteniendo económicamente, estaba drenando tiempo y recursos de otras áreas más productivas de la compañía, y no estaba logrando la influencia positiva que yo esperaba. Sin embargo, pensé que el liderazgo de Dave Sutherland podría marcar una diferencia. Comencé a ver progresos en ISS al poco tiempo de haberlo contratado.

Al segundo año de estar Dave conmigo, la compañía tenía algunas metas muy agresivas. Ese año el objetivo de la empresa había sido asociarse con ochenta iglesias, más del doble de las que habíamos tenido el año anterior. Cada una de esas asociaciones solo podían llegar después de una presentación personal al consejo de una iglesia y de su aceptación de nuestra oferta de ayuda.

Un día durante la primera semana de diciembre me detuve en la oficina de Dave y hablé con su esposa Roxine, quien trabaja con Dave como su asistente. Yo no había visto a Dave por algún tiempo, así que pregunté dónde estaba.

—Está viajando haciendo una presentación —contestó Roxine.

Pensé que era un poco extraño porque la empresa tenía varias personas claves cuyo trabajo era hacer las presentaciones a las iglesias.

—¿De viaje? ¿Cuándo regresará? —pregunté.

—Veamos —dijo ella—. Cuando salió el lunes siguiente al Día de Acción de Gracias aun necesitábamos veinticuatro iglesias para alcanzar nuestra meta. Dave dijo que no volvería a casa hasta alcanzarla.

Dave logró la meta. Estuvo viajando hasta el 19 de diciembre. Pero esa no fue una gran sorpresa. Mi escritor, Charlie Wetzel, me había dicho que Dave, en su carrera de ventas y mercadotecnia, *nunca* había dejado de cumplir una meta. Ni una sola vez.

Esa clase de tenacidad y capacidad sirven muy bien a Dave. Pero también sirven al equipo. Por alcanzar esa meta, Dave convirtió ese año a cada persona del equipo en un ganador. Todos en la empresa utilizaron ese ímpetu que él creó para llevar a ISS a un nivel totalmente nuevo. Un año después ISS llegó a ser la segunda compañía de su clase más grande en el mundo. Además, para fines del año 2000 había ayudado a más de mil iglesias en todo Estados Unidos a levantar fondos por más de mil millones de dólares.

Cuando usted tiene un Michael Jordan, un Eugene Lang o un Dave Sutherland, su equipo siempre tiene una oportunidad de ganar. Ellos son individuos que logran lo que se proponen y aun más. ¿Por qué es importante eso? Porque *los equipos triunfantes tienen jugadores que hacen que las cosas sucedan.* Sin ellos, un equipo nunca alcanzará su potencial. Esa es la verdad de la Ley del Catalizador.

❦

PENSAMIENTO DEL EQUIPO DE TRABAJO

Las personas que logran lo que se proponen y aun más,
son las que ganan los juegos.

CÓMO SER UN MEJOR MIEMBRO DEL EQUIPO

¿Cómo está usted cuando llegan las dificultades a su equipo? ¿Quiere la pelota, o preferiría que estuviera en manos de alguien más? Si en su equipo existen catalizadores más talentosos y eficaces, entonces usted no debería ser el jugador a quién acudir si fuera necesario. En esos casos lo mejor que puede hacer es dar «asistencia» al ayudar a poner a esas personas en una posición que ayude al equipo. Pero si usted evita el primer plano porque teme o porque no ha trabajado tan duro como debería para mejorarse personalmente, entonces debe cambiar su modo de pensar.

Empiece por colocarse en el camino del mejoramiento, haciendo lo siguiente:

1. *Busque un guía.* Los jugadores solo se vuelven catalizadores con la ayuda de personas mejores que ellos. Encuentre a alguien que haga que las cosas sucedan para que lo ayude a lo largo del camino.

2. *Comience un plan de crecimiento.* Métase en un programa que le ayude a desarrollar sus habilidades y talentos. Usted no puede llevar al equipo a un nivel superior si primero no ha llegado allá por sí mismo.

3. *Sálgase de su zona cómoda.* Usted no sabrá de qué es capaz a menos que intente ir más allá de lo que ya ha logrado.

Si usted sigue estas tres pautas tal vez no se convierta en un catalizador, pero al menos será lo mejor que puede ser, y eso es todo lo que cualquiera puede pedir de usted.

CÓMO SER UN MEJOR LÍDER DEL EQUIPO

Si usted dirige un equipo, entonces necesita catalizadores para empujarlo hasta alcanzar su potencial. Utilice la lista de cualidades del capítulo para comenzar a identificar y conseguir el apoyo de personas que pueden lograr que las cosas se hagan y algo más. Si ve ese potencial en algunos de sus actuales compañeros de equipo, anímelos a tomar la iniciativa y a convertirse en influencias positivas para el equipo. Si los miembros del equipo no pueden o no quieren entrar a ese nivel, entonces empiece a reclutar personas de afuera. Ningún equipo puede subir al nivel superior sin un catalizador. *Los equipos triunfantes tienen jugadores que hacen que las cosas sucedan.*

LA LEY DE LA BRÚJULA

La visión da confianza y dirección a los miembros del equipo

IBM ha sido por casi cien años una roca del comercio estadounidense que permanece firme en un torrente de competencia. Incluso durante la depresión de la década de los treinta, mientras miles de empresas desaparecieron, IBM se mantuvo en crecimiento. El origen de su fortaleza fue la innovación comercial y tecnológica.

INTRODUCCIÓN TECNOLÓGICA

IBM abrió camino durante medio siglo en el renglón de computadoras, comenzando en la década de los cuarenta con su Mark I. En las décadas de los cincuenta y sesenta presentó innovación tras innovación. Para 1971 recibía ingresos anuales de ocho mil millones de dólares y empleaba a doscientas setenta mil personas. Cuando la gente pensaba en compañías de primer orden, lo más probable es que IBM llegara a sus mentes.

Pero a pesar de su historia de logros, IBM se vio en apuros a finales de la década de los ochenta y principios de los noventa.

La empresa se había mostrado lenta durante una década para reaccionar a los cambios tecnológicos. Como resultado, para 1991 sufría ocho mil millones de dólares por año en *pérdidas*. Aunque luchaba por volver a ganar terreno tecnológicamente, la imagen de los clientes hacia la empresa era la más baja de todos los tiempos. Quienes una vez vieron una IBM dominante, la veían ahora completamente perdida en la historia, como un dinosaurio moviéndose lentamente entre nuevas compañías que se movían como chitas. Si no cambiaba algo, la empresa estaría en graves problemas.

Entonces IBM contrató en 1993 un nuevo ejecutivo en jefe, Lou Gerstner, quien rápidamente comenzó a reclutar miembros claves para su equipo: el comité ejecutivo. Quizás la contratación más importante fue Abby Kohnstamm, a quien llamó como primera vicepresidente de comercialización.

La presentación de una brújula

Kohnstamm estaba ansiosa por empezar. Ella creía que los productos de la compañía eran suficientemente buenos, pero su comercialización era deficiente. Lo que encontró al llegar a IBM era peor de lo que había esperado. La empresa no solo fallaba en atender con eficacia a los clientes; cuando llegó al departamento de comercialización, los empleados ni siquiera estaban seguros de lo que hacían, ni por qué lo hacían. Por ejemplo, cuando Kohnstamm preguntó cuántos empleados había en la división comercial no pudo conseguir la misma respuesta de dos empleados. Greg Farrell de *USA Today* describió la situación: «La compañía era una organización fragmentada y descentralizada con más de una docena de negocios cuasiautónomos y setenta agencias de publicidad asociadas en todo el mundo».[1]

Kohnstamm despidió de inmediato a todas esas agencias y contrató una que las reemplazara: Ogilvy & Mather Worldwide. Ella quería darle a todo el equipo IBM una temática unificada para el hardware, el software y los servicios que ofrecían. Al poco tiempo lo había conseguido. La compañía adoptó el concepto de «comercio electrónico». Kohnstamm afirma: «El comercio electrónico es el único punto central para la empresa, es el único y mayor esfuerzo de mercadeo jamás emprendido por IBM».[2]

La visión pareció estar funcionando. Steve Gardner, propietario de una agencia de publicidad que una vez promocionara Compaq, dice: «Lo más sensacional acerca del comercio electrónico fue que transformó a IBM de estar rezagada a ser líder en el espacio del Internet sin ningún cambio verdadero en sus líneas de productos o servicios. Ese es un logro asombroso».[3]

La IBM que una vez estuviera en apuros, tenía ahora renovada dirección y confianza. Bill Etherington, primer vicepresidente y ejecutivo de la división de ventas y distribución, dice que el enfoque de mercadeo tuvo un efecto increíblemente positivo en los empleados de IBM. Y él debe saber lo que dice, pues ha estado en la compañía por treinta y seis años. Etherington afirma: «Todos nos entusiasmamos con esta maravillosa campaña, que era ventajosa y proyectaba a la empresa bajo una luz mucho más moderna».[4] Maureen McGuire, vicepresidente de comunicaciones en comercialización está de acuerdo. Ella afirma: «La campaña ha impulsado a los empleados. Estamos tratando de llegar a todas esas personas para entonar la misma canción y leer del mismo libro». Ese es un gran logro para una compañía que no había cantado por mucho tiempo. Y eso es exactamente lo que deseo mostrarle a usted: *la visión da confianza y dirección a los miembros del equipo*. Esa es la Ley de la Brújula.

No se pierda

¿Ha sido usted alguna vez parte de un equipo que no parecía mostrar algún progreso? Tal vez el grupo estaba lleno de talento, recursos y oportunidades, y sus miembros se llevaban bien, ¡pero sencillamente *no iban* a ninguna parte! Si ese ha sido su caso, hay una gran posibilidad de que la situación fuera ocasionada por la falta de visión.

Una gran visión antecede a un gran logro. Todo equipo necesita una visión impulsora que le dé dirección. A un equipo sin visión en el peor de los casos le falta propósito. En el mejor de los casos está sujeto a los asuntos personales (en ocasiones egoístas) de sus compañeros. Cuando esos asuntos se oponen, se socavan la energía y la dirección del equipo. Por otra parte, un equipo que adopta una visión se enfoca, se activa y se vuelve confiable. Sabe a dónde se le conduce y por qué está yendo hacia allá.

El jefe de batalla Bernard Montgomery, un gran líder de tropas durante la Segunda Guerra Mundial y llamado un «general que servía como soldado»,

> *Una gran visión antecede a un gran logro.*

escribió que «antes de entrar en batalla, todo soldado debe saber cómo la pequeña batalla que va a pelear calza dentro del panorama más grande, y cómo el éxito de su pelea influirá en la batalla como un todo». Las personas en el equipo deben saber por qué están luchando. De otra manera el equipo se mete en problemas.

La responsabilidad del líder

El jefe de batalla Montgomery era hábil para comunicarse con los soldados de su equipo, mientras les proyectaba la visión para sus batallas. Esa habilidad le dio grandes victorias. Comprendía que los líderes deben proyectar la visión. El escritor Ezra Earl Jones señala:

> Los líderes no tienen que ser los más grandes visionarios. La visión puede venir de cualquiera. Sin embargo, los líderes deben plantear la visión. También deben mantenerla ante las personas y recordarles el progreso que se está haciendo en el logro de la visión. De otra manera las personas podrían suponer que están fallando y renunciar.

Si usted dirige su equipo, entonces es responsable de identificar una visión respetable y convincente, y de expresarla a sus integrantes. No obstante, aunque usted no sea el líder, la identificación de una visión convincente es de gran importancia. Usted no puede actuar con confianza ni estar seguro de que usted y sus compañeros están yendo en la dirección correcta si no conoce la visión del equipo. Si usted no ha examinado la visión a la luz de sus fortalezas, convicciones y propósitos, ni siquiera puede estar seguro de que el equipo en el que usted está es el adecuado. ¡La visión debe ser convincente para todos los miembros del equipo!

¡REVISE SU BRÚJULA!

¿Cómo mide usted una visión? ¿Cómo sabe si es respetable y convincente? Revisando su brújula. Todo equipo necesita una. Es más, todo equipo necesita varias. Déle una mirada a las siguientes seis «brújulas». Cada una se debe examinar antes de que un equipo emprenda cualquier clase de viaje.

La visión de un equipo debe estar alineada con una:

1. Brújula moral (mirar por encima)

El millonario filántropo Andrew Carnegie afirmó: «Un negocio rara vez se engrandece, a menos que se base en la más estricta integridad». Esto se aplica a cualquier esfuerzo. Solo hay un norte verdadero. Si su brújula está señalando cualquier otra dirección, su equipo está yendo por el camino equivocado.

Una brújula moral da integridad a la visión. Ayuda a todas las personas del equipo a revisar sus motivaciones y a asegurarse de que están trabajando por las razones correctas. También da credibilidad a los líderes que proyectan la visión, pero solo si ellos muestran los valores que se espera que el equipo adopte. Cuando lo hacen, alimentan la visión para que se mantenga en rumbo.

2. Brújula intuitiva (mirar hacia dentro)

En tanto que la integridad alimenta la visión, la pasión produce fuego. Y el verdadero fuego de la pasión y la convicción solo viene de adentro.

James Kouzes y Barry Posner explican en *El desafío del liderazgo* que «las visiones surgen de nuestra intuición. Si la necesidad es la madre de la invención, la intuición es la madre de la visión. La experiencia alimenta nuestra intuición y realza nuestra percepción». Una visión debe resonar profundamente dentro del líder del equipo. Luego debe resonar dentro de los miembros del equipo, a quienes se les pedirá trabajar duro para llevarla a buen término. Sin embargo, ese es el valor de tal pasión intuitiva, que brinda la clase de calor que quema a los comprometidos y fríe a los no comprometidos.

> «Un negocio rara vez se engrandece, a menos que se base en la más estricta integridad».
>
> —ANDREW CARNEGIE

3. Brújula histórica (mirar hacia atrás)

Cuando yo vivía en la Indiana rural aprendí este viejo adagio: «No retires la cerca antes de saber por qué está ahí». Uno nunca sabe: ¡podría haber un toro al otro lado! Una visión convincente debe cimentarse en el pasado, no declinarlo. Debe hacer uso positivo de todo lo que los equipos anteriores contribuyeron a la organización.

En cualquier momento en que usted proyecte una visión debe crear una conexión entre el pasado, el presente y el futuro. Debe juntarlos. La gente no alcanzará el futuro a menos que haya tenido contacto con el pasado. Cuando usted incluye el historial del equipo, las personas que han estado por mucho tiempo en la organización sienten que se les valora. (Aunque ya no sean las estrellas.) Al mismo tiempo, el personal más reciente recibe una sensación de seguridad, sabiendo que la visión actual se edifica en el pasado y conduce al futuro.

¿Cuál es la mejor manera de hacer eso? Narrando historias. Los principios se pueden perder en las mentes de las personas, pero las historias permanecen. Estas brindan relaciones a la visión. Narre anécdotas del pasado que den una sensación de historia. Además cuente historias acerca de las cosas emocionantes que están ocurriendo ahora entre los miembros del equipo. También narre la historia de cómo será el día en que el equipo cumpla la visión. Las historias son como tachuelas que ayudan a mantener una visión frente a las personas.

> *La gente no alcanzará el futuro a menos que haya tenido contacto con el pasado.*

4. Brújula direccional (mirar hacia adelante)

El poeta Henry David Thoreau escribió: «Si alguien avanza confiadamente en la dirección de sus sueños, y se esfuerza por vivir la vida que se ha imaginado, se encontrará con el éxito que no se esperaba en horas normales». Como ya lo mencioné, la visión da dirección al equipo. Parte de esa dirección viene de una sensación de propósito. Otra parte viene de tener metas, lo cual da objetivo a la visión.

Una meta sirve de gran motivación al equipo. El árbitro de la NFL Jim Tunney habló de esto cuando dijo: «¿Por qué llamamos a esto una línea de meta? Porque once personas en el equipo ofensivo se esfuerzan por un solo propósito: pasar el balón a través de ella. Todos tienen una tarea específica: el mariscal de campo, el receptor, cada jugador ofensivo, todo jugador sabe exactamente cuál es su asignación. Hasta la defensa también tiene sus metas: evitar que la ofensiva cumpla su propósito».

5. Brújula estratégica (mirar alrededor)

Una meta no hará mucho bien al equipo sin los pasos para lograrla. La visión sin estrategia es un poco más que soñar despierto. Así lo observó Vincent Abner: «La visión no es suficiente, se debe combinar con aventura. No es suficiente mirar los escalones de arriba; debemos subir las escaleras».

El valor de una estrategia es que esta lleva el proceso hacia la visión. Identifica los recursos y moviliza a los miembros del equipo. Las personas necesitan más que información e inspiración. Necesitan instrucción acerca de qué *hacer* para que la visión se vuelva realidad, además de un camino para lograrla. Una estrategia provee eso.

6. Brújula visionaria (mirar más allá)

Finalmente la visión del equipo debe mirar más allá de las circunstancias presentes y de cualquier deficiencia obvia de los compañeros de equipo actuales, para ver el potencial del equipo. Una visión verdaderamente grandiosa dice al equipo lo que puede llegar a ser si realmente vive sus valores y trabaja según las normas más elevadas.

Si usted es el líder de su equipo, hacer que las personas alcancen su potencial significa desafiarlas. Como usted sabe, una cosa es hacer que los miembros del equipo aparezcan y otra es hacer que crezcan. Uno de los aspectos acerca de tener una visión trascendental es que «exige» al equipo.

Sin un desafío muchas personas tienden a caer o consumirse.

> «*Usted debe tener una visión de gran alcance para evitar frustrarse por los fracasos de poco alcance*».
>
> —CHARLES NOBLE

Charles Noble observó: «Usted debe tener una visión de gran alcance para evitar frustrarse por los fracasos de poco alcance». Eso es cierto. La visión ayuda a la gente con motivación. Eso puede ser de suma importancia para individuos verdaderamente talentosos. Ellos a veces luchan con la falta de deseos. Por eso es que un gran artista como Miguel Ángel oró: «Señor, concédeme que siempre desee más de lo que puedo lograr». Una brújula visionaria responde esa oración.

Alguien dijo que solamente las personas que pueden ver lo invisible logran hacer lo imposible. Eso muestra el valor de la visión. Pero también indica que la visión puede ser una cualidad difícil de alcanzar. Si usted puede medir con confianza la visión de su equipo de acuerdo con estas seis «brújulas», y las encuentra todas alineadas en la dirección adecuada, entonces su equipo posee muy buenas posibilidades de tener éxito, y de no equivocarse. Para un equipo no solo es imposible crecer sin visión, ni siquiera puede sobrevivir sin ella. Las palabras del rey Salomón del antiguo Israel, considerado como el hombre más sabio que ha existido, son ciertas: «Donde no hay visión, el pueblo se extravía».[5] *La visión da confianza y dirección a los miembros del equipo*, dos cosas que no pueden tener sin ella. Esa es la naturaleza crítica de la Ley de la Brújula.

LA MAGIA DEL CAFÉ

Algunas personas captan una visión, como lo hizo Abby Kohnstamm en la IBM, y lo usan para que sus equipos se concentren en el objetivo. Otras son cautivadas por una visión, y el poder de esa visión cambia el curso de sus vidas. Ese fue el caso de Howard Schultz, el hombre que compró la compañía Starbucks Coffee en 1987.

Schultz no era un extraño para Starbucks. En 1982, apenas seis años de haber egresado de Northern Michigan University, él había dejado un fabuloso trabajo como vicepresidente a cargo de las operaciones estadounidenses de Hammarplast, una compañía sueca especializada en artículos para el hogar, para formar parte de Starbucks. Él había descubierto la tienda de café de Seattle cuando vio que sus cuatro locales vendían más cafeteras de Hammarplast que Macy's en Nueva York.

Schultz recuerda la visión que tuvo para Starbucks al día siguiente de su primera visita a la compañía:

Era como una joya reluciente... Tenía un aire de magia, una pasión y autenticidad que nunca había experimentado en los negocios. Yo quizás, sólo quizás, podría ser parte de esa magia. Quizás podría ayudarle a crecer. ¿Cómo se sentiría formar un negocio?... ¿Cómo se sentiría ser dueño del patrimonio de la empresa, no sólo recibir un sueldo? ¿Qué podría ofrecer yo a Starbucks que pudiese mejorarla todavía más?[6]

Schultz fue cautivado por la visión de expandir Starbucks más allá de Seattle, quizás por todo el país. Cuando comenzó a trabajar para Starbucks como director de operaciones al por menor y mercadeo, empezó a ayudarlos a expandirse. Pero después de que Schultz había estado con Starbucks alrededor de un año, su visión del negocio del café también comenzó a expandirse.

¡QUE LA MÍA SEA UNA GRANDE!

Después de una visita a Italia, Schultz vio la tremenda potencialidad de poner una sección para el consumo de café expreso en cada local de Starbucks. Él creyó que ese cambio ofrecía la mayor promesa para el futuro de la compañía, pero no pudo convencer a los dueños para que compartieran su visión. Desde su inicio en 1971, Starbucks había sido un vendedor al por menor de granos enteros de café fresco, no un vendedor de café por taza.

A pesar de su amor por Starbucks, Schultz se salió después de tres años para empezar su propia compañía, la cual la convirtió en todo un éxito. Pero dos años después, cuando los dueños de Starbucks le dejaron saber que querían vender la compañía, Schultz aprovechó inmediatamente la oportunidad. En 1987 se unieron las dos compañías y se convirtieron en Starbucks Corporation.

Dos factores dieron impulso a Howard Schultz mientras comenzaba a trabajar para expandir Starbucks. El primero fue su amor por el café. El segundo fue su deseo de crear un lugar de trabajo que valorizara a las personas y las tratara con dignidad y respeto. Eso le importaba mucho después de pasar una niñez viendo a su padre luchar para sostener a su familia. Schultz dice:

> Guardo mucho respeto hacia mi papá. Él nunca terminó la secundaria, pero fue un hombre honesto que trabajó duro. Él a veces tenía que conseguir dos o tres trabajos sólo para que pudiésemos tener algo que comer. Él cuidaba mucho a sus tres hijos, y jugaba a la pelota con nosotros los fines de semana... Pero era un hombre derrotado. En una serie

de trabajos de obrero —chofer de camiones, trabajador de fábrica, chofer de taxi—, jamás ganó más de $20,000 dólares anuales, nunca pudo ser dueño de una casa propia. Yo pasé mi niñez en complejos habitacionales, viviendas subvencionadas por el gobierno federal en Canarsie, Brooklyn, [Nueva York]... Él había intentado encajar en un sistema, pero el sistema lo había aplastado.[7]

En lo referente al café como parte de su visión, Schultz no se preocupaba de Starbucks. Sin embargo, el ambiente laboral era otro asunto. En los dos años que se había alejado de la compañía, los empleados de Starbucks se habían desmoralizado. Schultz dice: «La gente era cínica y desconfiada, derrotada y desvalorizada. Se sentían abandonados por la gerencia anterior y preocupados a causa mía. La base de confianza y visión común que tenía Starbucks cuando trabajé por primera vez allí se había deteriorado mucho».[8]

VUELVA A PROYECTAR LA VISIÓN

Schultz comenzó a tratar en estos asuntos inmediatamente, comenzando con esta declaración para los empleados:

Hace cinco años, yo cambié mi vida por esta compañía. Lo hice porque reconocí su pasión en ella. Toda mi vida he querido ser parte de una compañía y un grupo de gente que compartiera una visión común. Yo vi eso aquí en ustedes, y lo admiro. Estoy aquí hoy porque amo esta compañía. Amo lo que representa... Sé que tienen temor. Sé que están preocupados. Algunos de ustedes quizás incluso estén enojados. Pero si tan solo me apoyan, yo les prometo que no los defraudaré. Les prometo que no dejaré atrás a nadie.[9]

Schultz había proyectado la visión. Y en los siguientes meses, él demostró que aún apreciaba el buen café. Pero también fue más allá. Él comenzó a hacer cosas que demostraron que valoraba al equipo. Él llamó «socios» a la gente que trabajaba en Starbucks, y lo respaldó con la manera en que dirigía la compañía. Creó un plan para el cuidado de la salud que cubría a todos, incluso a los que trabajaban a tiempo parcial. Aclaró la misión de la compañía y estableció un sistema en el que los empleados que trabajaban por hora podían hacer rendir cuentas a la gerencia. Incluso ofreció a todos opciones para la adquisición de acciones, hasta al empleado que trabajaba veinte horas a la semana haciendo capuchinos.

Schultz estaba tratando de crear la clase de compañía para la cual la gente quisiera trabajar, la clase de lugar en el que alguien como su padre hubiera podido trabajar con dignidad y respeto. Y lo logró mientras hacía que la compañía fuera sumamente lucrativa. Starbucks ahora es una compañía cotizada públicamente en la bolsa de valores con un patrimonio de más de $6 mil millones de dólares.[10] Sirve a más de 20 millones de personas cada semana en más de 5.000 tiendas por todo el mundo y con planes de seguir creciendo.[11] Y está entre los primeros de la lista de las mejores compañías para las cuales trabajar según la revista Forbes.

Schultz resume su papel en Starbucks de esta manera:

Yo comencé como un soñador... Luego pasé a empresario... Después tuve que convertirme en gerente, mientras la compañía crecía más y yo necesitaba delegar cada vez más decisiones. Hoy, mi papel es ser el líder de Starbucks, su visionario, porrista, y el guardián de la llama.[12]

Hoy los clientes, socios y accionistas de Starbucks pueden ver claramente la dirección de la compañía y tener confianza en ella. Eso es lo que hace la visión en un equipo. Ese es el poder de la Ley de la Brújula.

❖

Pensamiento del equipo de trabajo

Cuando usted lo ve, puede agarrarlo.

Cómo ser un mejor miembro del equipo

¿Cuál es la visión de su equipo? Usted se sorprendería de cuántos individuos son parte de un grupo de personas que laboran juntas, pero que no saben con claridad por qué lo hacen. Por ejemplo, ese era el caso cuando llegué a dirigir la iglesia Skyline en el área de San Diego. El consejo de la iglesia se componía de doce personas. Cuando nos reunimos por primera vez pedí a cada una que expresara la visión de la iglesia y obtuve ocho respuestas diferentes. ¡Un equipo no puede ir adelante con confianza si no tiene una brújula que indique el norte!

Como miembro de su equipo usted necesita un entendimiento claro de su visión. Si el equipo no tiene visión, entonces ayúdelo a desarrollar una. Si el equipo ya encontró su brújula y su rumbo, entonces usted debe examinarse personalmente a la luz de eso para asegurarse de que se corresponden bien. Si no es así, tanto usted como sus compañeros de equipo se frustrarán. Y quizás a todos les caiga bien un cambio.

Cómo ser un mejor líder del equipo

Si usted es el líder del grupo, entonces es el responsable de comunicar la visión del equipo y mantenerla continuamente ante la gente. Eso no necesariamente es fácil. Jack Welch, ejecutivo en jefe de General Electric, comentó: «Sin duda alguna el trabajo más difícil que enfrentamos ha sido, y continúa siendo, comunicar la visión y la atmósfera alrededor de ella».

He conocido personas a las que se debe mostrar clara, creativa y continuamente la brújula del equipo. Siempre que me esfuerzo por proyectar visión con los miembros de mi equipo utilizo la siguiente lista de control. Trato de asegurar que todo el mensaje de la visión tiene:

- ☐ *Claridad:* da entendimiento a la visión (las respuestas que las personas deben conocer y lo que usted quiere que ellas hagan)

- ☐ *Conexión:* une el pasado, el presente y el futuro

- ☐ *Propósito:* da dirección a la visión

- ☐ *Metas:* da objetivo a la visión

- ☐ *Sinceridad:* da integridad a la visión y credibilidad a quien la proyecta

- ☐ *Historias:* dan relaciones a la visión

- ☐ *Desafío:* da fortaleza a la visión

- ☐ *Pasión:* alimenta la visión

- ☐ *Ejemplo:* da responsabilidad a la visión

- ☐ *Estrategia:* da proceso a la visión

Utilice esta lista de control la próxima vez que usted se disponga a comunicar la visión a su personal. Asegúrese de incluir todos los componentes, y creo que su equipo encontrará la visión más accesible y la adoptará con más gusto. Si así pasa, usted verá que todos tendrán mayor dirección y confianza.

8

LA LEY DE LA MANZANA PODRIDA

Las malas actitudes arruinan al equipo

Cuando era niño me gustaba el básquetbol. Todo empezó en cuarto grado, cuando vi un partido de básquetbol universitario por primera vez. Me cautivó. Poco después papá puso en el garaje un tablero con canasta para que yo jugara. Desde ese día hasta que entré a la universidad se me podía ver generalmente practicando mi lanzamiento y jugando en esa pequeña cancha casera.

Para cuando entré a la universidad me había vuelto un buen jugador. Me inicié en el equipo juvenil como novato y cuando estaba en segundo año nuestro equipo tenía un récord de 15–3, el cual era mejor que el universitario. Nos sentíamos orgullosos (quizás demasiado). Digo esto por algo que ocurrió en mi segundo año en el colegio.

Una de las tradiciones del equipo era que nuestro entrenador, Don Neff, diera boletos de básquetbol de la Universidad del Estado de Ohio a algunos de los jugadores que habían rendido especialmente bien durante la temporada. Esos jugadores eran casi siempre de los últimos años y estaban siempre en el equipo universitario. Sin embargo, ese año fui uno de los jugadores a los que se les ofrecieron boletos. ¿Cuál fue mi respuesta? ¿Estaba agradecido y fui humilde por el reconocimiento del entrenador Neff? No, le manifesté que debería a los jugadores juveniles jugar contra los universitarios por *todos* los boletos. Sobra decir que él no permitió que se jugara ese partido.

Al año siguiente los críticos que seguían el básquetbol universitario en Ohio pensaron que nuestro equipo tenía oportunidad de ganar el campeonato estatal en nuestra división. Me imagino que se fijaron en los jugadores que volvieron como mayores del equipo universitario del año anterior, y veían el talento que estaría saliendo de los juveniles, por lo que se imaginaron que seríamos un puntal. Y teníamos mucho talento. ¿Cuántos equipos de colegio a finales de la década de los sesenta podían asegurar que casi todos los jugadores podían hacer caer bruscamente el balón por encima de la canasta? Sin embargo, la temporada resultó muy diferente de las expectativas de todos.

DE MAL EN PEOR

El equipo tuvo problemas desde el principio de la temporada. Éramos dos en el equipo juvenil que teníamos el talento de iniciadores: John Thomas, quien era el mejor rebotador del equipo, y yo, el mejor encestador. Pensamos que el tiempo de juego se debería basar estrictamente en la habilidad, y nos imaginamos que merecíamos nuestro lugar en el equipo. Los mayores, que el año anterior también habían tenido que sentarse detrás de los mayores de ese año, pensaban que debíamos pagar el precio y esperar.

Lo que comenzó el año anterior como una rivalidad entre el equipo juvenil y el universitario se convirtió en una guerra entre los juveniles y los mayores. Cuando practicábamos, la refriega era de unos contra los otros. En los partidos, los mayores no hacían pases a los juveniles y viceversa. Hasta llegamos a juzgar nuestro éxito, no porque el equipo ganara o perdiera, sino porque las estadísticas de los juveniles eran mejores que las de los mayores. Si anotábamos más, pasábamos más o ganábamos más rebotes que los mayores, entonces pensábamos que habíamos «ganado» el partido, sin que importara el resultado contra nuestro adversario.

Las batallas eran tan feroces que al poco tiempo los juveniles y los mayores ni siquiera trabajaban juntos en la cancha durante los partidos. El entrenador Neff debió separarnos. Los mayores iniciaban, y cuando se hacía necesaria una sustitución, él no ponía a jugar a un juvenil sino a *cinco*. Nos convertimos en dos equipos de turno.

No recuerdo exactamente quién inició la rivalidad que dividía nuestro equipo, pero sí recuerdo que John Thomas y yo la adoptamos desde el principio. Siempre he sido un líder, y cumplí mi parte de influir en los demás compañeros del equipo. Por desgracia, debo confesar que llevé a los juveniles en la dirección equivocada.

Lo que comenzó como una mala actitud en uno o dos jugadores hizo que la situación se volviera un caos para todos. Para cuando estábamos en lo más reñido del programa hasta los jugadores que no querían tomar parte en la rivalidad se afectaban. La temporada fue un desastre. Al final terminamos con un puntaje mediocre y nunca nos acercamos a lo mejor de nuestro potencial. Esto es solo para mostrarle a usted que *las malas actitudes arruinan al equipo*. Esa es la Ley de la Manzana Podrida.

El talento no es suficiente

Una de las lecciones que aprendí de mi experiencia de básquetbol en el colegio es que el talento no es suficiente para llevar a un equipo al éxito. Por supuesto, usted sí necesita talento. Mi amigo Lou Holtz, el extraordinario entrenador de fútbol americano universitario, comentó: «Se deben tener grandes atletas para ganar … No se puede ganar sin buenos atletas, pero se puede perder con ellos». Se necesita mucho más que personas talentosas para ganar.

Mi equipo del colegio estaba repleto de talento, y si eso fuera suficiente habríamos sido campeones estatales. Pero nuestro equipo también estaba lleno de malas actitudes. Usted sabe quién ganó al fin la batalla entre el talento y la actitud. Quizás por eso hoy día comprendo la importancia de una actitud positiva y he puesto gran énfasis en ella para mí mismo, para mis hijos cuando se estaban criando, y para los equipos que dirijo.

> *Las buenas actitudes entre los jugadores no garantizan el éxito de un equipo, pero las malas actitudes garantizan su fracaso.*

Hace años escribí algo acerca de la actitud en *Actitud de vencedor*. Me gustaría compartirlo con usted. Dice así:

La actitud …

Es el mejor de nuestro verdadero yo.

Sus raíces son internas pero su fruto es externo.

Es nuestra mejor amiga o nuestra peor enemiga.

Es más honesta y más coherente que nuestras palabras.

Es una apariencia exterior basada en nuestras experiencias pasadas.

Es algo que atrae o repele a la gente de nosotros.

No está satisfecha hasta que no se expresa.

Es la bibliotecaria de nuestro pasado.

Es la que habla de nuestro presente.

Es la profeta de nuestro futuro.[1]

Las buenas actitudes entre los jugadores no garantizan el éxito de un equipo, pero las malas actitudes garantizan su fracaso.

Las cinco verdades siguientes acerca de las actitudes muestran cómo afectan a un equipo y el trabajo en equipo:

1. Las actitudes tienen el poder de levantar o derribar a un equipo

Denis Waitley declaró en *The Winner's Edge* [La ventaja de un ganador]: «Los verdaderos líderes en el comercio, la comunidad profesional, la educación, el gobierno y el hogar también parecen poseer una ventaja especial que los separa del resto de la sociedad. La ventaja del ganador no es una cuna noble, un gran coeficiente intelectual o un talento. Está en la actitud, no en la aptitud».

Desgraciadamente, creo que muchas personas rechazan esa idea. Quieren creer que el talento solo (o talento con experiencia) es suficiente. Sin embargo, hay muchos equipos talentosos que nunca llegan a nada debido a las actitudes de sus jugadores.

Observe cómo varias actitudes influyen en un equipo constituido por jugadores sumamente talentosos:

Habilidades	+	Actitudes	=	Resultado
Gran talento	+	Pésimas actitudes	=	Equipo malo
Gran talento	+	Malas actitudes	=	Equipo promedio
Gran talento	+	Actitudes promedio	=	Equipo bueno
Gran talento	+	Buenas actitudes	=	Equipo Excelente

Si usted quiere resultados extraordinarios necesita buena gente con gran talento *y* actitudes formidables. El potencial del equipo asciende cuando suben las actitudes. El potencial del equipo baja cuando caen las actitudes.

2. Una actitud se contagia cuando se exhibe ante otros

En un equipo hay muchas cosas que no son contagiosas: talento, experiencia, práctica. Pero usted puede estar seguro de algo: la actitud sí lo es. Cuando alguien en el equipo es dócil y su humildad se recompensa con el mejoramiento, es probable que los demás muestren características similares. Cuando un líder enfrenta con optimismo circunstancias desalentadoras, otros admiran esa cualidad y quieren emularlo. Cuando un miembro de un equipo muestra un firme trabajo moral y empieza a tener una influencia positiva, otros lo imitan. Las personas llegan a inspirarse por sus compañeros. Tienen la tendencia de adoptar las actitudes de aquellos con quienes se relacionan: adoptan su modo de pensar, sus creencias y sus enfoques hacia los retos.

Un ejemplo maravilloso de la manera en que a menudo las actitudes «se contagian» se puede ver en la historia de Roger Bannister. Durante la primera mitad del siglo veinte muchos expertos deportivos creían que ningún atleta podía correr una milla en menos de cuatro minutos. Tuvieron razón por mucho tiempo. Pero el 6 de mayo de 1954 el atleta británico y estudiante universitario Roger Bannister corrió una milla en 3 minutos 59.4 segundos durante una competencia en Oxford. Menos de dos meses después otro corredor, el australiano John Landy, también rompió la barrera de los cuatro minutos. Entonces de repente docenas de otros, y luego centenas, también lo hicieron. ¿Por qué? Porque cambiaron las actitudes de los mejores atletas. Comenzaron a adoptar el modo de pensar y las creencias de sus compañeros.

La actitud y las acciones de Bannister fueron contagiosas cuando las exhibió ante otros. Su actitud se extendió. Hoy día todo atleta de talla mundial que compite en esa distancia puede correr una milla en menos de cuatro minutos. ¡Las actitudes son contagiosas!

3. Las malas actitudes se contagian más rápido que las buenas

Solo hay una cosa más contagiosa que una buena actitud: una mala actitud. Por alguna razón muchas personas creen que es elegante ser negativo. Sospecho que creen que eso las hace ver más inteligentes o importantes. Pero la verdad es que una actitud negativa perjudica en vez de ayudar a la persona que la tiene. Y también perjudica a las personas que la rodean.

Un viejo y sabio entrenador de béisbol comentó una vez que durante las giras nunca permitió a los jugadores positivos estar con los negativos. Cuando repartía los alojamientos para el equipo, siempre ponía a los negativos juntos para que no pudieran envenenar a nadie más.

Para mostrarle a usted cuán rápida y fácilmente se puede extender un modo de pensar negativo, observe esta historia de Norman Cousins. Una vez durante un partido de fútbol americano, un médico en el puesto de primeros auxilios trató a cinco personas de algo que él sospechaba que pudieran ser alimentos envenenados. Puesto que los síntomas eran parecidos, el médico trató de rastrear lo que tenían en común. Pronto descubrió que las cinco personas habían comprado bebidas de un puesto en particular en el estadio.

Debido a que el médico quería hacer las cosas de modo responsable pidió al anunciador del partido que avisara al público en el estadio que se abstuviera de comprar bebidas del puesto en particular, por la posibilidad de estar envenenadas. Al poco tiempo, más de doscientas personas comenzaron a quejarse de síntomas por alimentos envenenados. Casi la mitad de los síntomas eran tan graves que se les debió llevar al hospital.

Sin embargo, la historia no termina allí. Después de más trabajo de investigación se descubrió que las cinco víctimas originales habían consumido ensalada de papas contaminada en una salsamentaria mientras se dirigían al partido. Cuando los otros «envenenados» supieron que las bebidas en el estadio eran inofensivas experimentaron recuperaciones milagrosas. Con esto quiero mostrarle que una mala actitud se extiende muy rápidamente.

4. Las actitudes son subjetivas, por tanto, puede ser difícil identificar una mala

¿Ha interactuado usted alguna vez con alguien por primera vez y ha sospechado que su actitud era mala, sin embargo, no pudo señalar exactamente lo que estaba mal? Creo que muchas personas tienen esa clase de experiencia.

> *Solo hay una cosa más contagiosa que una buena actitud: una mala actitud.*

Las personas dudan de sus observaciones acerca de las actitudes de otros porque esas actitudes son subjetivas. Alguien con una actitud mala tal vez no haga nada ilegal o inmoral. No obstante, su actitud podría estar perjudicando igualmente al equipo.

La gente siempre proyecta en el exterior la forma en que se sienten en el interior. La actitud dice realmente cómo es un individuo. Eso se traduce en cómo actúa. Le comunicaré cinco malas actitudes comunes que arruinan un equipo para que usted pueda reconocerlas por lo que son cuando las vea:

Una incapacidad de admitir que han obrado mal: ¿Ha pasado alguna vez tiempo con personas que *nunca* admiten que están equivocadas? Esto es doloroso. Nadie es perfecto, pero alguien que piensa que lo es no es un compañero ideal. Su actitud equivocada siempre creará conflictos.

Falla en perdonar: Se dice que a Clara Barton, la fundadora de la enfermería moderna, la animaron en cierta ocasión a quejarse de una acción cruel que le infligieran años antes, pero ella no cayó en la trampa.

—¿No recuerdas el mal que te hicieron? —la incitó el amigo.

—No —respondió Barton—, recuerdo perfectamente haberlo olvidado.

Guardar rencor nunca es adecuado ni positivo. Además, cuando entre compañeros ocurre falta de perdón, esto seguramente dañará al equipo.

Envidia: Una de las actitudes que en realidad obra contra la gente es el deseo de igualdad, que alimenta la envidia. Por alguna razón las personas con esta clase de actitud creen que todo individuo merece igual trato, a pesar del talento, rendimiento o influencia. Sin embargo, nada puede estar más alejado de la verdad. Cada uno de nosotros fue creado de manera única y actúa de modo distinto, y como resultado se nos debe tratar como tales.

La enfermedad del yo: El sumamente próspero entrenador de la NBA, Pat Riley, escribió en su libro *The Winner Within* [El ganador interior] acerca de «la enfermedad del yo». Habla así de los miembros del equipo que la sufren: «Desarrollan una creencia muy firme en su propia importancia. Prácticamente sus acciones gritan: "Soy el número uno"». Riley dice que la enfermedad siempre tiene el mismo resultado inevitable: «La derrota de nosotros».[2]

Un espíritu crítico: Esta es una historia de una pareja de viejos llamados Fred y Martha, quienes iban a casa después de un culto en la iglesia.

—Fred, ¿notaste que el sermón del pastor estuvo flojo hoy? —preguntó Martha.

—No, no me pareció —respondió Fred.

—Pues bien, ¿escuchaste que el coro estaba destemplado?

—No, no lo noté —respondió él.

—Muy bien, seguramente habrás observado esa joven pareja con sus hijos justo frente a nosotros, ¡durante todo el culto hicieron mucho alboroto!

—Lo siento querida, pero no me di cuenta.

—Sinceramente Fred —dijo Martha finalmente disgustada,— no sé por qué te molestas en ir a la iglesia.

Cuando alguien en el equipo tiene un espíritu crítico, todo el mundo lo sabe, porque todos en el equipo pueden hacer lo incorrecto.

Un deseo de acaparar todo el crédito: Otra mala actitud que perjudica al equipo es parecida a la enfermedad del yo. Pero mientras la persona con esta enfermedad podría en el fondo estar a punto de estallar y crear disensión, el acaparador de crédito quiere continuamente ser el centro de atención para llevarse los aplausos, ya sea que los merezca o no. Su actitud es la opuesta de Bill Russell, centro de la NBA en el salón de las estrellas, quien dijo de su tiempo en la cancha: «La medida más importante de cuán buen partido jugué era lo que había hecho para que mis compañeros jugaran mejor».

Seguramente existen otras malas actitudes que no he nombrado, pero mi intención no es enumerar cada una sino solamente las cinco más comunes. En una palabra, las malas actitudes son consecuencia del egoísmo. Si uno de sus compañeros de equipo aplasta a otros, sabotea el trabajo conjunto, o se cree más

> *La mayor parte de las malas actitudes son consecuencia del egoísmo.*

importante que el equipo, entonces usted puede estar seguro de que ha encontrado a alguien con una mala actitud.

5. Si no se tiene cuidado de las malas actitudes, pueden arruinarlo todo

Las malas actitudes no se deben dejar sin atención. Usted puede estar seguro de que siempre causarán disensión, resentimiento, lucha y división en un equipo. Además, no desaparecerán por sí solas si no se les atiende. Simplemente se enconarán y arruinarán al equipo, así como a las oportunidades de alcanzar su potencial.

Puesto que es muy difícil tratar con personas que tienen malas actitudes y debido a que estas son subjetivas, usted duda de su propia reacción instintiva cuando encuentra una «manzana podrida». Después de todo, si usted solo *opina* que esa persona tiene una mala actitud, entonces no tiene el derecho de tratarla, ¿verdad? No será así si a usted le importa el equipo. *Las malas actitudes arruinan al equipo.* Eso siempre es verdadero. Si usted deja una manzana podrida en una cesta de manzanas buenas, siempre se encontrará al final con una cesta de manzanas podridas.

El presidente Thomas Jefferson comentó: «Nada puede evitar que el hombre con adecuada actitud mental consiga su meta; nada en la tierra puede ayudar al hombre con actitud mental errónea». Si a usted le importa su equipo y está comprometido en ayudar a todos los jugadores, no puede hacer caso omiso de una mala actitud. Si lo hace descubrirá la dureza de la Ley de la Manzana Podrida.

SU MEJOR AMIGO O PEOR ENEMIGO

La actitud de una persona influye en todo lo que hace. Determina el modo en que ve el mundo e interactúa con otros individuos. La actitud de una persona (positiva si es buena y negativa si es mala) influye en su rendimiento, a pesar del talento, los antecedentes o las circunstancias.

Una de las historias más notables que he oído, y que ilustra la Ley de la Manzana Podrida, vino de la región de la Bahía de San Francisco. Evidentemente, la directora de un colegio llamó a tres profesores para informarles acerca de un experimento que el distrito estaría realizando.

«Puesto que ustedes son los mejores profesores en el sistema», les dijo, «vamos a darles noventa estudiantes seleccionados con elevado coeficiente intelectual. Este año vamos a dejar que esos alumnos se desarrollen a su ritmo y veremos cuánto pueden aprender».

El profesorado y los estudiantes se llenaron de alegría. En el año siguiente tuvieron una experiencia formidable. Al final del último semestre los estudiantes habían logrado del 20 al 30% más que cualquier otro grupo de alumnos en la región.

Después de transcurrido el año la directora llamó a los profesores y les dijo: «Debo hacer una confesión. Tengo que comunicarles que ustedes no tienen noventa de los alumnos más destacados intelectualmente. Son estudiantes comunes y corrientes. Tomamos del sistema noventa alumnos al azar y se los entregamos a ustedes».

Los profesores estaban contentos. Si los alumnos eran únicamente del promedio, eso mostraba que los profesores habían demostrado una habilidad y experiencia excepcionales.

«Debo hacer otra confesión», continuó la directora. «Ustedes no son los profesores más brillantes. Sus nombres fueron los tres primeros sacados de un sombrero».

Si tanto los estudiantes como los profesores se habían escogido al azar, entonces ¿qué los hizo tener mayor progreso que cualquier otro grupo en el sistema? Fue la actitud de los participantes. Puesto que los profesores y los alumnos esperaban triunfar, aumentaron su potencial para el éxito. La actitud había hecho toda la diferencia.

Si usted quiere darle a su equipo la mejor oportunidad de éxito, entonces practique la Ley de la Manzana Podrida. Cambie sus manzanas malas por buenas y tendrá una oportunidad, porque *las malas actitudes arruinan al equipo.*

PENSAMIENTO DEL EQUIPO DE TRABAJO

Su actitud determina la actitud del equipo.

CÓMO SER UN MEJOR MIEMBRO DEL EQUIPO

El primer lugar donde empezar cuando se trata de actitud es en usted mismo. ¿Cómo actúa en relación con la actitud? Por ejemplo:

- [ ] ¿Cree que el equipo podría funcionar sin usted?

- [ ] Secretamente (y no tan en secreto), ¿cree que los recientes triunfos del equipo se pueden realmente atribuir a los esfuerzos personales de usted, no a la labor de todo el equipo?

- [ ] ¿Mantiene un puntaje cuando se trata de alabar y dar beneficios extras a otros miembros del equipo?

- [ ] ¿Tiene problemas en admitir que se ha equivocado? (Si usted cree que no comete equivocaciones, ¡debe revisar esta área!)

- [ ] ¿Saca a relucir errores pasados de sus compañeros de equipo?

☐ ¿Cree usted que está sumamente mal pagado?

Si usted contestó «sí» a alguno de los puntos anteriores, entonces debe revisar su actitud.

Platique con sus compañeros de equipo y descubra si su actitud los está perjudicando. Hable con su líder. Si realmente cree que su salario es injusto, debe hablar con su empleador y averiguar dónde está parado en realidad. Una relación no puede durar cuando es desigual, ya sea que usted esté dando más de lo que recibe o que reciba más de lo que merece. En cualquier caso la relación decaerá.

> *Una relación no puede durar cuando es desigual, ya sea que usted esté dando más de lo que recibe o que reciba más de lo que merece.*

¡Advertencia! Debo advertir algo: Si usted deja su puesto porque cree que no le valoran lo suficiente, y no triunfa en su nueva posición, entonces probablemente exageró su valor o menospreció lo que la organización estaba haciendo para ayudarle a triunfar.

CÓMO SER UN MEJOR LÍDER DEL EQUIPO

Si usted cree que tiene una «manzana podrida» en su equipo debe llevar aparte a la persona y analizar la situación con ella. Es muy importante hacerlo de modo correcto. Tome el mejor camino: al encararla, hable de lo que usted ha observado, pero déle el beneficio de la duda. Asuma que su apreciación podría estar equivocada y que usted quiere una aclaración. (Si tiene varias personas con malas actitudes, comience con el cabecilla.) Si es realmente su percepción y el equipo no ha salido perjudicado, entonces usted no ha hecho ningún daño, sino que ha suavizado la relación entre usted y la otra persona.

Sin embargo, si resulta que su percepción era correcta y la actitud de la persona es el problema, déle claras esperanzas y una oportunidad de cambiar. Luego hágala responsable. Si cambia, es un gran éxito para el equipo. Si no lo hace, retírela del equipo. Usted no puede permitirle que se quede, porque usted puede estar seguro de que *sus malas actitudes arruinarán al equipo.*

9

LA LEY DE LA CONFIABILIDAD

*Cuando de contar se trata, los compañeros de equipo
deben poder contar los unos con los otros*

Uno de los aspectos que me gusta de Atlanta, Georgia, donde mudé mi familia y mis compañías en 1997, es que es una ciudad deportiva. No tengo la oportunidad de ir a muchos partidos, pero hay pocas cosas que me gusten más que asistir a un evento deportivo. Es un deleite sentir la energía y la emoción de ver, con uno o dos amigos, un equipo en competencia, ya sean los Bravos (béisbol), los Hawks (básquetbol), los Falcons (fútbol americano), o los Thrashers (hockey).

Cuando se anunció que Atlanta tendría un equipo de hockey se hicieron planes para construir un nuevo escenario. El antiguo Omni, donde los Hawks habían jugado desde inicios de la década de los setenta, estaba programado para ser demolido y reemplazado en el mismo sitio por la Arena Philips. Sería un complejo de entretenimiento de dieciocho mil asientos numerados, en el que no solo se podría presenciar hockey y básquetbol sino también conciertos y otros eventos.

Derribar el Omni no iba a ser un proceso sencillo. En primer lugar, se debía hacer rápidamente para que se pudiera iniciar la construcción de la nueva arena. Segundo, debido a que la antigua estructura tenía un techo de viga voladiza, era totalmente imposible desmontar la edificación en orden inverso al que fue construida. Habría sido demasiado peligroso para el personal de demolición. Eso dejaba solo una alternativa: explotar el edificio.

NEGOCIO FAMILIAR EXPLOSIVO

Cuando las brigadas de demolición requieren ayuda para demoler un edificio (o más exactamente, explotarlo), inevitablemente acuden a la familia Loizeaux, pioneros de la demolición segura de edificios con el uso de explosivos. Ellos eran los propietarios y fundadores de Controlled Demolition Incorporated (CDI). La compañía fue fundada por Jack Loizeaux, quien había iniciado una empresa en la década de los cuarenta para sacar tocones de árboles con dinamita. En 1957 hizo explotar su primer edificio. Y en la década de los sesenta comenzó CDI. Desde esa primera demolición (un edificio de apartamentos en Washington D.C.), su compañía ha demolido más de siete mil estructuras en todo el mundo.

CDI es una operación familiar. Al principio Jack y su esposa Freddie manejaban el negocio. No mucho tiempo después se les unieron sus hijos Mark y Doug. Cuando Jack se jubiló en 1976, sus hijos quedaron a cargo de la operación. Hoy día trabajan con ellos varios hijos de Mark, entre los que se encuentra su hija Stacey de veintinueve años, quien ha trabajado en el ramo desde los quince años y ya es una experta por derecho propio.

Cómo enhebrar una aguja

Cuando contactaron a los Loizeaux para el trabajo del Omni, ellos rápidamente descubrieron que no sería fácil por su proximidad a otros edificios. En uno de sus lados estaba el World Congress Center, que se usaba para convenciones. En el otro lado había una estación de MARTA (sistema masivo de ferrocarriles de Atlanta). En un tercer lado estaba el CNN Center, el cual transmite programación de cable y radio las veinticuatro horas del día. ¡El centro comercial CNN estaba a menos de cuatro metros y medio del Omni! Un error podría afectar la línea del MARTA y cerrar una de sus estaciones más concurridas. O podría sacar temporalmente del aire al servicio de noticias CNN. Por supuesto, en el peor de los casos, el Omni podría caer en dirección errónea y aplastar el edificio de CNN. Para hacer bien la tarea se requería toda la pericia de los Loizeaux y cincuenta años de experiencia.

El uso de explosivos para demoler un edificio siempre es una labor peligrosa. Todo proyecto es diferente y requiere una estrategia única. Los hoyos están taladrados en lugares estratégicos en muchas partes de la estructura, tales como columnas, y se rellenan de cantidades adecuadas de material explosivo. Luego esos puntos de explosión a menudo se tapan con malla de eslabones en cadena (para atrapar las enormes piezas en la detonación) y después se cubren con un material especial que ayuda a contener la explosión. «Esto permite que el concreto se mueva, pero evita que vuele», dice Stacey Loizeaux. «A veces también colocamos una cortina en todo el piso para agarrar lo que pasa por esas dos primeras capas. Allí es donde realmente está tu confiabilidad».[1] Con frecuencia también se levantan terraplenes alrededor del edificio para proteger a las personas y las estructuras cercanas.

Obviamente, hay riesgos en toda ocasión para cualquiera que trabaje con explosivos. Sin embargo, el mayor peligro está en la manera en que se instalan los explosivos para hacerlos estallar. Para lograr que el edificio caiga hacia adentro, los Loizeaux y su equipo deben ajustar las cargas en serie con exactitud, usando a menudo intervalos que difieren uno de otro en pequeñas fracciones de segundo. Ese fue el caso con el Omni, donde primero era necesario que el techo cayera directamente hacia abajo, luego tres de las paredes debían caer hacia adentro y la cuarta hacia afuera. Eso fue exactamente lo que ocurrió el 26 de julio de 1997 a las 6:53 a.m. La demolición duró diez segundos.

Cuando se trata de hacer volar un edificio en el modo en que lo hacen los Loizeaux, todo tiene que hacerse perfectamente, tanto el análisis de la edificación, los planes para la demolición, el transporte de los explosivos, la instalación de esos dispositivos, como la preparación del edificio para la seguridad del área que lo rodea. Si alguien del equipo hace mal su parte y deja que sus compañeros salgan afectados, no es que el equipo CDI falle en su objetivo, sino que puede poner en peligro a muchas personas y propiedades. *Cuando de contar se trata, los compañeros de equipo deben poder contar los unos con los otros.* Esa es la Ley de la Confiabilidad.

Participación de mutua responsabilidad

La importancia de la Ley de la Confiabilidad se clarifica cuando los riesgos son grandes. Sin embargo, usted no tiene que pasar por una situación explosiva para que la ley se ponga en acción. Quien dirige un negocio que intenta sacar un producto a tiempo depende de que sus vendedores realicen sus ventas en tiempos cruciales. El mesero que desea satisfacer a sus clientes cuenta con que el personal de la cocina prepare los alimentos correctamente y a tiempo. La madre que tiene una importante entrevista de trabajo debe tener la seguridad de que la niñera llegará cuando lo prometió. Si hay una falla en el proceso se pierde la confiabilidad, el cliente se va insatisfecho, y el trabajo va a parar a manos de otro candidato. *Cuando de contar se trata, los compañeros de equipo deben poder contar los unos con los otros.*

Hace poco recordé cuán a menudo encontramos ejemplos de la Ley de la Confiabilidad, incluso en asuntos pequeños, como la vez cuando realicé un reciente viaje a África. Fui allí a dictar una conferencia patrocinada por EQUIP, mi organización sin fines de lucro. Me encontraba sentado en el vestíbulo del hotel esperando mi transporte hasta la conferencia y me vino un acceso de tos. Eso normalmente no es un asunto serio, pero cuando usted se prepara para hablar durante cinco o seis horas seguidas no es la mejor manera de comenzar el día. Cuando me puse en camino acompañado del equipo de la conferencia, Erick Moon, un miembro del equipo, sacó de su bolsillo una pastilla de Ricola para la tos (mi marca favorita) y me la ofreció. Cuando vio mi sorpresa, dijo de modo sencillo: «Todos tenemos algunas para ti, por si acaso».

Stanley C. Gault afirmó: «No trabajamos unos para otros; lo hacemos unos con otros». Esa es la esencia de la confiabilidad: la capacidad y deseo de que compañeros de equipo trabajen juntos hacia metas comunes. Pero eso simplemente no sucede porque sí. Ser confiable tampoco es un don. Se debe ganar. Los miembros de equipos que solo dependen entre sí en los momentos fáciles no desarrollan la confianza de contar con los demás.

> «No trabajamos unos para otros; lo hacemos unos con otros».
>
> —STANLEY C. GAULT

LA FÓRMULA DE LA CONFIABILIDAD

Creo que hay una fórmula de la confiabilidad. No es complicada, pero su impacto es poderoso. Hela aquí:

Carácter + Capacidad + Compromiso +

Constancia + Cohesión =

Confiabilidad

Cuando todos los miembros del equipo adoptan, personal y mutuamente, cada una de esas cinco cualidades, pueden lograr la confiabilidad necesaria para que el equipo tenga éxito.

Démosle una mirada a cada una de esas cualidades:

1. *Carácter*

En *Las 21 leyes irrefutables del liderazgo*, escribí acerca de la Ley del Terreno Firme, la cual dice que la confianza es la base del liderazgo. Esa ley es en realidad acerca del carácter. En el libro afirmo: «Los líderes no pueden perder la confianza y continuar influyendo en los demás. La confianza es el fundamento del liderazgo. Esa es la Ley del Terreno Firme».[2]

> *«No hay sustituto para el carácter. Usted puede comprar cerebros, pero no puede comprar carácter».*
>
> —ROBERT A. COOK

De igual manera, la confiabilidad empieza con el carácter, puesto que se basa en la confianza, la cual es la base de toda interacción con las personas. Si usted no puede confiar en una persona, no contará con ella. Así lo reafirmó Robert A. Cook: «No hay sustituto para el carácter. Usted puede comprar cerebros, pero no puede comprar carácter».

Siempre que quiera levantar un equipo usted tendrá que empezar por forjar carácter en los individuos que lo conforman. Por ejemplo, mi amigo Lou Holtz, entrenador de fútbol americano en la Universidad de Carolina del Sur (USC), al principio de la temporada presenta a los jugadores de su equipo una lista de doce compromisos, para ayudarles a comprender el ambiente de equipo que está intentando crear. Estos son los compromisos:

USC, DOCE COMPROMISOS

1. Lograremos juntos lo que hacemos. Compartimos nuestros triunfos y no permitiremos que uno solo de nosotros falle.

2. Todos somos adultos totalmente maduros. Actuaremos en concordancia, y esperamos lo mismo de quienes nos rodean.

3. No nos tendremos secretos. Todos compartiremos la información que nos afecta a todos; rápida y francamente trabajaremos para separar lo real de lo imaginario.

4. No nos mentiremos a nosotros mismos ni unos a otros. Ninguno de nosotros tolerará que alguno de nosotros lo haga. Dependeremos unos de otros en confianza.

5. Seremos hombres de palabra. Diremos lo que queremos decir y haremos lo que decimos. Confiamos también en la palabra de los demás.

6. Mantendremos la calma. No nos dejaremos llevar del pánico al enfrentar tiempos difíciles. Siempre preferiremos enrollar nuestras mangas en vez de retorcernos las manos.

7. Desarrollaremos nuestras habilidades y las tomaremos en serio. Haremos que nuestras normas sean más elevadas que los de nuestros oponentes más aguerridos, y agradaremos a nuestros seguidores agradándonos personalmente.

8. Trataremos a nuestros vestidores como nuestro hogar y a nuestros compañeros como amigos. Pasamos demasiado tiempo juntos como para dejar que estas cosas vayan mal.

9. Seremos desinteresados y esperamos que todos los demás muestren esa misma cualidad. Cuidaremos unos de otros sin expectativas.

10. Estaremos atentos unos de otros. Realmente creemos que somos guardas de nuestros hermanos.

11. Somos estudiantes en USC, y como tales lucharemos para graduarnos. Tomaremos en serio nuestro promedio de calificaciones de grado y esperamos que nuestros compañeros hagan lo mismo.

12. No podemos perder ni lo toleraremos en ninguna cosa que hagamos. Para nosotros perder es vergonzoso, embarazoso y humillante. No existe excusa alguna por perder un partido de fútbol americano en USC.

¿Observó usted algo mientras leía esos doce párrafos? La mayoría de ellos se refieren a asuntos de carácter. Holtz sabe que si no establece una sólida base de carácter en los jóvenes de su equipo no puede forjar nada de valor sobre él.

En su libro *This Indecision Is Final* [Esta indecisión es definitiva], Barry Gibbons afirma: «Escribe y publica lo que quieras, pero los únicos valores, misiones y ética que cuentan en tu compañía son los que se manifiestan todo el tiempo en la conducta de todas las personas».[3]

> «Escribe y publica lo que quieras, pero los únicos valores, misiones y ética que cuentan en tu compañía son los que se manifiestan todo el tiempo en la conducta de todas las personas».
>
> —BARRY GIBBONS

2. Capacidad

Pasé más de veinticinco años como pastor, de modo que comprendo muy bien el mundo de la iglesia; debo admitir que hay personas en la comunidad religiosa que actúan como si el carácter fuera lo único que importara. No creo que esto sea cierto. Lo que usted hace también es importante (como lo clarifican las Escrituras).[4] El carácter es lo más importante, pero no es lo único.

Si usted tiene alguna duda al respecto, piense en esto: si tuviera que sufrir una operación debido a una enfermedad que amenazara su vida, ¿sería más feliz teniendo un buen cirujano que fuera una mala persona o una buena persona que fuera un mal cirujano? Esto pone en perspectiva que la capacidad es importante. Además, si el individuo ha de estar en su mismo equipo, usted querría tanto capacidad como carácter.

3. Compromiso

Tener en un equipo miembros sin entereza no es una experiencia muy agradable. Cuando los momentos son difíciles, usted quiere saber que puede contar con sus compañeros. No quiere estar preguntándose si continuarán adelante con usted.

Hace poco Dan Reiland, quien es vicepresidente del Grupo INJOY, me habló de la siguiente tabla que indica el compromiso de algunos de los miembros de su equipo:

Nivel	Clase de compañero	Descripción
1. Coronel de boina verde	Líder comprometido del equipo	*Entregado. Enfocado en la gran idea. Su actitud es «hacer cualquier cosa».*
2. Primer teniente	Conquista resultados en el equipo	*Participa en el ambiente y el espíritu de la organización. Se motiva y es productivo.*
3. Graduado con honores	Verdadero jugador del equipo	*Tiene pasión y entusiasmo. Llega más temprano y se queda hasta más tarde. Sin embargo aún no está probado como líder.*

4. Cadete	Miembro formal del equipo	*Disfruta su permanencia en el equipo. Desea quedarse. Sirve por deber. No obstante no es un conquistador de logros.*
5. Recluta de campo de entrenamiento	Seguidor envidioso	*Trabajará pero solo con motivación externa*
6. Desertor	No es seguidor	*No querrá hacer nada. Se le debe llevar a corte marcial.*
7. Francotirador	Seguidor peligroso	*Trabaja, pero les dificulta la vida a los otros en el equipo. Si se le da la oportunidad, les fusilará a miembros del equipo.*

Los equipos triunfan o fracasan basados en el compromiso que sus miembros tienen unos con otros y con el equipo. Mi amigo Randy Watts, quien pastorea una iglesia en Virginia, me envió recientemente una nota después de una conferencia en la que enseñé la Ley de la Confiabilidad. Él escribe:

Hace años un amigo mío asistió al Instituto Militar Virginia, conocido por su fuerte entrenamiento físico, emocional y mental. Me dijo que a todos los novatos que ingresan se les separa en compañías. Uno de sus obstáculos de entrenamiento es subir el Monte House, el cual es muy empinado y más que un desafío. La motivación para trepar es: si usted llega de último, lo hará de nuevo. ¡No solo usted sino toda su compañía! Esto crea compromiso en el equipo. ¡Si una persona en su compañía se tuerce un tobillo o se rompe una pierna, otros miembros de su compañía lo cargan! No es suficiente ser el primer hombre en la cumbre del monte; todo el equipo debe lograrlo.

Esa es la clase de compromiso que en realidad necesita el equipo. Cuando los compañeros no pueden lograrlo, usted los carga el resto del camino por el bien del equipo.

4. Constancia

De vez en cuando aparece alguien que define la constancia para el resto de sus compañeros de equipo. En el caso de los Bravos de Atlanta creo que esa persona es Greg Maddux. Si usted es aficionado al béisbol, entonces quizás ha oído de él. Maddux es un gran lanzador, y lo prueba con premios y estadísticas. Ganó más de doscientos juegos, incluyendo 176 en la década de los noventa, más que cualquier lanzador en la Liga Mayor de Béisbol. Es el único lanzador, además de Cy Young y Gaylord Perry, que ha ganado más de quince juegos en trece temporadas consecutivas. Es el único lanzador en la historia del béisbol que ha ganado el premio Cy Young durante cuatro años seguidos (1992–1995).

¿Sabe usted cuál es, de todos los premios que recibió Maddux como lanzador y por estadísticas, su honor más notable? ¡Se le reconoció como el mejor interceptor de la Liga Nacional en su posición al recibir un Globo de oro por *diez años seguidos*!

A muchos lanzadores extraordinarios no se les conoce por su labor de interceptar. Cuando una bola difícil se convierte en un hit para un lanzador, o cuando este debe cubrir la primera base durante un juego difícil hacia el lado derecho del cuadro, muchas veces los demás jugadores del equipo contienen el aliento. Si es probable que alguien en el campo cometa un error, ese es el lanzador. Pero no Maddux. Él obra en su intercepción con el mismo trabajo ético sensacional que lo ha convertido en un gran lanzador. El resultado es una profesión que solo ha visto cuarenta errores en quince años (con dos temporadas de interceptar sin cometer errores).

Si usted quiere que sus compañeros de equipo le tengan confianza, que sepan que pueden contar con usted todos los santos días, entonces haga suyo el ejemplo de Maddux. La constancia es la clave.

5. Cohesión

La última cualidad que los compañeros del equipo necesitan para desarrollar confiabilidad es cohesión. Esa es la capacidad de mantenerse unidos a pesar de cuán difíciles puedan ser las circunstancias. El SEAL de la Marina John Roat describe así la cohesión:

> Unidad de cohesión es una de esas expresiones que cualquiera cree entender. La verdad es que la mayoría de las personas no tienen la menor idea. Definitivamente no se trata de que todos estén ligados entre sí o sean agradables. Significa que usted está orgulloso de la capacidad de su grupo para funcionar en un nivel más alto que el posible para una persona. La unidad no brilla porque usted es un miembro, usted brilla porque es suficientemente bueno para ser un miembro.[5]

Existe un viejo adagio cuando de equipos se trata: O nos esforzamos juntos o nos destruimos. Sin cohesión, las personas no forman realmente un equipo, porque no están esforzándose juntos. Son simplemente un grupo de individuos trabajando para la misma organización.

El novelista y activista de los derechos civiles James Baldwin afirmó: «En el momento en que perdemos la fe mutua, el mar nos sepulta y la luz se va».

> *Existe un viejo adagio cuando de equipos se trata: O nos esforzamos juntos o nos destruimos.*

Cuando esto ocurre, la confiabilidad es ser capaz de tener fe en sus compañeros, no importa lo que suceda. A la hora de la verdad usted puede volverse hacia la gente de su equipo. Digámoslo claro: Usted no puede hacer nada que cuente a menos que sea confiable. *Cuando de contar se trata, los compañeros de equipo deben poder contar los unos con los otros.*

CONFIANZA PERDIDA

Si usted ve un ejemplo importante de confianza perdida que destruye la confiabilidad de un equipo, lo nota instantáneamente. Una violación de la confiabilidad en la familia se presenta cuando los padres abandonan a los hijos, un cónyuge es culpable de infidelidad, o los hijos engañan cruelmente a sus padres. La confiabilidad en un negocio se debilita cuando los empleados malversan el dinero o los líderes abusan del poder que les confiaron otras personas en la organización. Si un funcionario o una agencia gubernamental resultan culpables de espionaje, esto no solo hiere a sus compañeros de trabajo sino que rompe la confianza entre las personas de toda la nación.

Cuando a principios del 2001 salió la noticia de que a un agente del Buró Federal de Investigaciones (FBI) se le había agarrado transmitiendo a Rusia y la antigua Unión Soviética información clasificada como de máxima seguridad nacional, lo primero que pensé fue en la Ley de la Confiabilidad. El hombre de este caso era Robert Philip Hanssen, un agente de contraespionaje que había hecho una carrera en el FBI.

Hanssen es sospechoso de haber entregado a la KGB (y al organismo que la reemplazó, llamado el SVR) información confidencial en más de veinte ocasiones distintas. Esa información totalizaba más de seis mil páginas de material, que incluían técnicas, recursos, métodos y operaciones sobre investigación de contraespionaje.[6] Y al igual que en el caso de Aldridge Ames, el funcionario de contraespionaje de la CIA culpable de espionaje en 1994, se cree que la información pasada de modo ilegal por Hanssen precipitó las muertes de agentes especiales que trabajaban para el gobierno estadounidense.[7]

A nadie le gusta un traidor. Es más, en Estados Unidos aún se asocia el nombre de Benedict Arnold con el incumplimiento y la traición, incluso cuando sus acciones ocurrieron hace más de doscientos años. (Nadie recuerda que Arnold fue un brillante líder militar.) Pero lo que hace especialmente desagradable el caso Hanssen es el hecho de que el traidor era miembro de un equipo que mantiene altas normas de conducta debido a la confianza que las personas le han dado. El FBI identifica sus valores centrales como «rigurosa obediencia a la constitución de Estados Unidos; respeto por la dignidad de aquellos que protegemos; misericordia; justicia; integridad institucional e intransigencia personal».[8] Observe las palabras de Louis J. Freeh, director del FBI, con relación a Hanssen:

> Es detestable una traición de confianza por un agente del FBI, quien juró no solo hacer cumplir la ley sino ayudar específicamente a proteger la seguridad de nuestra nación. Esta clase de conducta criminal representa la más traicionera acción imaginable … También golpea el corazón de todo lo que representa el FBI: el compromiso de veintiocho mil hombres y mujeres honrados y dedicados en el FBI que trabajan todos los días con diligencia para obtener la confianza del pueblo estadounidense.[9]

En otras palabras, *cuando de contar se trata, los compañeros de equipo deben poder contar con los demás.* Robert Hanssen infringió la confianza que hace posible la confiabilidad. Podrían pasar décadas antes de que averigüemos cuánto daño hizo al país. Ese es un pensamiento terrible, pero es el precio que a veces se debe pagar cuando alguien viola la Ley de la Confiabilidad.

PENSAMIENTO DEL EQUIPO DE TRABAJO

El halago más grandioso que usted puede recibir
es que se pueda contar con usted.

CÓMO SER UN MEJOR MIEMBRO DEL EQUIPO

A menudo las personas dicen que la imitación es un cumplido. Cuando se trata de un equipo de trabajo creo que el halago más grandioso que usted puede recibir es la confianza de sus compañeros de equipo cuando en realidad cuenta.

¿Cómo se sienten sus compañeros con usted? En el capítulo seis hablamos de cómo catalizar los pasos a un nivel más alto de juego cuando llegan tiempos difíciles. Usted podría ser o no ser la clase de jugador que provoca los acontecimientos y después alguien cuando el juego está en peligro. Eso está bien. Pero, ¿se puede depender de que usted haga *su* parte, cualquiera que sea, cuando sus compañeros lo necesitan? ¿Actúa y continúa de tal manera que el equipo lo considera alguien con quien se puede contar? ¿Cómo le va en cada uno de los aspectos examinados en el capítulo?

- ¿Es incuestionable su integridad (carácter)?
- ¿Lleva a cabo su trabajo con excelencia (capacidad)?
- ¿Se puede depender de usted en todo momento (constancia)?
- ¿Se dedica usted al éxito del equipo? (compromiso)?
- ¿Unen sus acciones al equipo (cohesión)?

Si usted es débil en alguna de estas áreas, hable con un guía o amigo de confianza para obtener sugerencias relacionadas a cómo puede crecer en esta área.

Cómo ser un mejor líder del equipo

Desarrollar la confiabilidad y cohesión entre miembros del equipo no siempre es una labor fácil. Además lleva tiempo. Si usted es responsable de dirigir su equipo, utilice las sugerencias de William A. Cohen en *El arte de ser líder* para levantar un equipo en que cada miembro pueda contar con los demás cuando sea necesario:

1. Desarrolle orgullo por la membresía del grupo.

2. Convenza a su grupo de que son los mejores.

3. Dé reconocimiento siempre que sea posible.

4. Anime el uso de lemas, nombres, símbolos y eslogans organizativos.

5. Establezca el valor de su grupo al examinar y promover su historia y sus valores.

6. Enfóquese en el propósito común.

7. Anime a su personal a participar juntos de actividades fuera del trabajo.[10]

Mientras más actividades de estas adopte, más confiabilidad desarrollará.

10

LA LEY DEL PRECIO

*El equipo no logra alcanzar su potencial cuando falla en
pagar el precio.*

Uno de los minoristas más antiguos de Estados Unidos, Montgomery Ward y Compañía, anunció el 28 de diciembre del 2000 que se acogería al capítulo siete de bancarrota y cerraría sus puertas para siempre. Tal anuncio entristeció a la población de Chicago, porque Ward había sido una institución en esa ciudad por más de un siglo. Lo más triste es que su fracaso se pudo haber evitado si la empresa hubiera aprendido y practicado la Ley del Precio antes de que fuera demasiado tarde.

La historia primitiva de la cadena de minoristas es en realidad muy notable. La compañía fue fundada en 1872 por Aaron Montgomery Ward, un joven vendedor que había trabajado para varios comerciantes de prendas de confección en el sur y en el medio oeste de Estados Unidos. Mientras trabajaba en regiones rurales lejos de las ciudades o poblaciones grandes, descubrió que muchos clientes de regiones remotas estaban a merced de comerciantes locales que a menudo les sobrecargaban el valor de las mercancías. Eso le dio una idea. En esa época los ferrocarriles y el servicio de correo mejoraban en gran manera. ¿Qué pasaría si él compraba en efectivo prendas de confección directamente de los fabricantes y las vendía en efectivo a clientes rurales por medio de pedidos por correo, eliminando por consiguiente los intermediarios que estaban extorsionando a esos clientes?

El pago del primer precio

De su trabajo como vendedor hasta 1871 Ward había ahorrado suficiente dinero como para comprar algunas mercancías e imprimir una lista de precios en una página, la cual planeaba enviar por correo a un grupo de granjeros que pertenecían a una hermandad. Pero antes de poder seguir con su plan, el gran incendio de Chicago en 1871 destruyó sus existencias y sus hojas de precios. Eso no detuvo a Ward. Convenció a dos colegas de ventas que se asociaran con él, comenzó a reconstruir sus existencias y volvió a imprimir la hoja de precios que se convertiría en el primer catálogo en el mundo de venta de mercancía general por correo. En 1872, a los veintiocho años, Ward comenzó su negocio.

Al principio Ward tuvo éxito moderado. Es más, al año de estar en el negocio a sus dos compañeros les entró pánico y le pidieron que les comprara sus acciones. Ward lo hizo y entonces llevó al negocio a su amigo George Thorne como un socio total. Juntos se esforzaron mucho, tomando pedidos y enviando mercancías por ferrocarril. Mientras tanto, en 1875, Ward y Thorne tuvieron una idea novedosa: decidieron incluir un nuevo credo en su catálogo. Este decía: «Satisfacción garantizada o devolución de su dinero». Entonces el negocio despegó.

La tenacidad de Ward y la buena disposición de pagar un precio doble por iniciar su propio negocio fructificaron menos de una década después. La compañía que comenzó con $1,600 de capital en 1872 tuvo ventas por $300,000 en 1878. Nueve años después de eso las ventas ascendieron a un millón de dólares. Al cambiar el siglo, el catálogo de Montgomery Ward y Compañía, que se conocía como «El libro de los deseos», llegó a tener quinientas páginas y se estaba enviando por correo a más de un millón de personas por año. La oficina central de la compañía era un edificio nuevo sobre la Avenida Michigan en Chicago, el rascacielos más grande al occidente de la ciudad de Nueva York.[1]

Dejar de pagar

Luego, en 1901, Montgomery Ward se jubiló para dedicar los últimos años de su vida a trabajar en el mejoramiento de Chicago. Durante las dos primeras décadas del nuevo siglo la compañía continuó prosperando. Pero a finales de la segunda década las cosas comenzaron a cambiar. El éxito de Ward había motivado en 1886 el nacimiento de otra compañía con base en Chicago: Sears, Roebuck y Co. Esta, igual que Montgomery Ward y Compañía, se basaba en venta de mercancía por catálogo a clientes rurales. Cuando ambas compañías iniciaron sus operaciones la mayor parte de la población vivía en regiones rurales. Pero ahora la nación estaba cambiando. Las ciudades se estaban llenando. Al finalizar el censo de 1920 se vio que por primera vez en la historia del país la mayor parte de la población vivía en centros urbanos y como resultado sus hábitos de compra estaban cambiando.

Robert E. Wood, un ex intendente general del ejército, se incorporó a Montgomery Ward en 1919 y vislumbró la venidera prosperidad en las ventas al por menor. Quiso comenzar a abrir tiendas en ciudades donde las personas pudieran comprar personalmente, pero no logró convencer a los propietarios.[2] Sencillamente no pagaron el precio de realizar el cambio.

Algo pasado

Al saber dónde se hallaba el futuro del negocio, Wood salió de Ward. En 1924 ingresó al personal de Sears como vicepresidente. Convenció a los directores de su nueva empresa que corrieran el riesgo de abrir tiendas de ventas por departamentos. Para probar acordaron abrir al año siguiente una tienda en Chicago. Fue un éxito inmediato. Dos años después Sears había abierto veintisiete tiendas. Para 1929 la empresa había construido más de trescientas. Continuaron expandiéndose incluso durante la depresión, y en 1931 las ventas al por menor en las tiendas de Sears sobrepasaron sus ventas por catálogo.[3] Wood se convirtió en el presidente de la compañía, posición que conservó hasta 1954, y Sears se volvió la cadena de tiendas por departamentos más próspera de la nación.

Montgomery Ward y Compañía en realidad nunca se recuperó de ese error inicial. Comenzó a abrir tiendas al por menor, pero sin la agresividad suficiente para vencer a Sears. *Un equipo no logra alcanzar su potencial cuando falla en pagar el precio.* Una y otra vez Ward se negó a pagar el precio. Durante la depresión la compañía acumuló dinero en efectivo y dejó de extenderse mientras Sears ganaba más terreno. Después de la Segunda Guerra Mundial, cuando otras tiendas empezaron a mudarse a los suburbios, Ward dejó pasar la oportunidad de volver a estar en la cumbre. Cada vez que el mercado cambiaba, ellos no pagaban el precio necesario para ganar un mercado. En los últimos veinticinco años estuvieron luchando por mantener abiertas sus puertas. Finalmente cerraron después de 128 años de estar en el negocio. Eso es lo que sucede cuando las personas violan la Ley del Precio.

Razón de ser del precio

La capacidad rara vez es la razón de que un equipo no alcance su potencial. Tampoco es un asunto de recursos. Casi siempre es un problema de pago. Montgomery Ward y Compañía tenía muchos recursos y el talento que se necesitaba (inclusive el líder que podía llevar al equipo hacia adelante). El problema fue que los dueños de la empresa no estuvieron dispuestos a salir de su zona cómoda, tomar riesgos e intentar abrir nuevos caminos.

Una de las razones de que los equipos fracasen en pagar el precio para alcanzar su potencial es que malinterpretan la Ley del Precio. Sinceramente no saben cómo funciona. Paso a darle cuatro verdades acerca de esta ley que le ayudarán a clarificarla en su mente:

1. Todos deben pagar el precio

Allan Cox observó en *Straight Talk for Monday Morning* [Charla directa para la mañana del lunes]:

> Usted debe renunciar a algo para ser miembro de un equipo. Podría ser un falso papel que usted se ha asignado a sí mismo, tal como el individuo que habla demasiado, la mujer que permanece en silencio, el sabelotodo, el que no sabe nada, el acaparador de subordinados con talento, el que no participa de algunos recursos como sistemas administrativos de información (SAI), o cualquier otro. Sin duda, usted renuncia a algo, como a algún privilegio sin mayor importancia, pero gana autenticidad. Por otra parte, el equipo no aplasta el logro individual; más bien confiere contribuciones personales.[4]

> *Si el precio de ganar no lo pagan todos, entonces todos tendrán que pagar el precio de perder.*

Las personas que no han tenido la experiencia de estar en un equipo ganador no comprenden frecuentemente que *todo* miembro debe pagar un precio. Creo que algunos piensan que si otros trabajan duro, ellos lograrán avanzar sin esfuerzo hacia su potencial. Pero eso no es cierto. Si el precio por ganar no lo pagan todos, entonces todos tendrán que pagar el precio por perder.

2. El precio se debe pagar todo el tiempo

Muchas personas tienen lo que llamo destino de enfermedad. La describo en mi libro *Las 21 cualidades indispensables de un líder:*

> Erróneamente, algunas personas creen que si pueden alcanzar una meta en particular, ya no tienen que crecer más. Esto puede ocurrir con casi todo: ganar un grado académico, alcanzar una posición deseada, recibir un reconocimiento o lograr un objetivo financiero.
>
> Pero los líderes efectivos no pueden resistir pensar de esa manera. El día que dejen de crecer ese es el día de la pérdida de su potencial; y el potencial de la organización. Recuerda las palabras de Ray Kroc: «Mientras esté verde, está creciendo, en cuanto madure, comienza a podrirse».[5]

El destino de enfermedad es tan peligroso para un equipo como para cualquier individuo. Nos hace creer que podemos dejar de trabajar, de luchar, de pagar el precio, y aun así alcanzar nuestro potencial. Sin embargo, como observara Earl Blaik, antiguo entrenador de fútbol americano en la Academia Militar Estadounidense: «No hay sustituto para el trabajo. Él es el precio del éxito». Esa verdad no cambia. Por eso el presidente Dwight D. Eisenhower observó: «No hay victorias a precio de ganga». Si usted quiere alcanzar su potencial, no debe aflojar el ritmo.

> *«No hay victorias a precio de ganga»*
>
> —DWIGHT D. EISENHOWER

3. El precio aumenta si el equipo quiere mejorar, cambiar o mantenerse victorioso

¿Ha notado cuán pocos campeones consecutivos hay en los deportes? ¿O cuán pocas empresas se mantienen en el tope de las listas de la revista *Forbes* por una década? Convertirse en campeón tiene un gran costo. Pero mantenerse en la cumbre cuesta aun más. Y mejorar hasta lo máximo es aun más costoso. Mientras más alto esté usted, más tiene que pagar para hacer mejoras por pequeñas que sean. Los campeones mundiales de velocidad no mejoran sus marcas por segundos sino por centésimas de segundo.

Nadie puede acercarse a su potencial sin pagar de alguna manera para llegar allá. Si quiere cambiar de profesión, usted tiene que obtener mayor educación, experiencia adicional de trabajo, o ambas. Si quiere correr a paso más rápido debe pagar por entrenarse más duro y con más inteligencia. Si quiere incrementar las utilidades de su inversión, o invierte más dinero o toma riesgos mayores. El mismo principio se aplica a los equipos. Para mejorar, cambiar o mantenerse ganando como grupo, el equipo debe pagar un precio, y por lo tanto también los individuos que lo componen.

4. El precio nunca decrece

La mayoría de las personas que renuncian no lo hacen en la base de la montaña; se detienen a mitad de la cuesta. Nadie planta con el propósito de perder. Con frecuencia el problema es una creencia errónea de que llegará el momento en que se conseguirá triunfar de modo más barato. Pero la vida casi nunca funciona de esa manera.

> *La mayoría de las personas que renuncian no lo hacen en la base de la montaña; se detienen a mitad de la cuesta.*

Ese modo de pensar quizás fue el problema con Montgomery Ward y Compañía. En 1919, cuando tuvieron la oportunidad de ser una de las primeras grandes compañía en abrir cadenas de tiendas minoristas, probablemente se fijaron en lo que les costaría en términos de tiempo, dinero, esfuerzo y cambio; y pensaron que el precio era demasiado grande para pagar. Así que dejaron pasar la oportunidad.

Unos pocos años más tarde, cuando Sears empezó a pasarlos con facilidad, el costo de competir fue aun mayor. Pagaron por entrar al negocio de tiendas de ventas al por menor pero aún estaban detrás. Ese precio continuó subiendo año tras año, especialmente cuando Sears los golpeaba al conseguir localidades más importantes. Incluso en las décadas del 1970 y del 1980 pagaron más y más por mejorar y sin embargo su situación empeoró. Chapotearon en varios nichos intentando competir contra Walmart, Target o Circuit City, pero una y otra vez eran golpeados. Pensaron que el precio sería menor la próxima vez, pero este se mantenía subiendo y subiendo.

> *Cuando se trata de la Ley del Precio, en realidad creo que solo hay dos clases de equipos que la violan: Los que no comprenden el precio del éxito y los que lo conocen pero no están dispuestos a pagarlo.*

Cuando se trata de la Ley del Precio, en realidad creo que solo hay dos clases de equipos que la violan: Los que no comprenden el precio del éxito y los que lo conocen pero no están dispuestos a pagarlo. Nadie puede obligar a un miembro de un equipo a tener deseos de triunfar. Cada persona decide en su propio corazón si la meta es digna del precio que se debe pagar. Sin embargo, todos deberían saber el precio que deben pagar para obtener éxito en el equipo.

El precio del equipo de trabajo

Por eso ofrezco las siguientes observaciones acerca del costo de ser parte de un equipo ganador. Para llegar a ser jugadores del equipo, a usted y a sus compañeros se les exigirá al menos:

Sacrificio

No puede haber éxito sin sacrificio. James Allen observó: «Quien sacrifica poco, logrará poco; quien sacrifica mucho logrará mucho». Cuando usted se vuelve parte de un equipo tal vez esté consciente de algunas cosas que deberá abandonar. No obstante puede estar seguro de que no importa cuánto espere dar para el equipo, en algún punto se le exigirá que dé más. Esa es la naturaleza del equipo de trabajo. El equipo solo llega a la cima por medio de sudor, sangre y sacrificio de sus miembros.

Compromiso de tiempo

El trabajo de equipo no llega sin esfuerzo. Cuesta tiempo; lo que significa que usted paga con su vida. Se necesita tiempo para llegar a conocer a las personas, para establecer relaciones con ellas, para aprender cómo trabajar juntos. Esto no se puede desarrollar en tiempo horno de de microondas. Los equipos crecen con más firmeza en un ambiente de olla de barro.

Desarrollo personal

El único modo en que su equipo alcanzará su potencial es si *usted* alcanza el suyo propio. Eso significa que la capacidad de hoy día no es suficiente. El experto en liderazgo, Max DePree, lo dijo de esta manera: «No podemos convertirnos en lo que debemos ser si permanecemos como estamos». El deseo de mantenerse en la

> El único modo en que su equipo alcanza su potencial es si usted alcanza el suyo propio.

lucha y de mejorar es una clave para su propia capacidad, pero también es importante para el mejoramiento del equipo. Por eso es que John Wooden de UCLA, un grandioso líder de equipo y el mejor de los entrenadores de básquetbol universitario de todos los tiempos, manifestó: «Lo que cuenta es lo que usted aprende después de saberlo todo».

Ausencia de egoísmo

Por naturaleza las personas salen en defensa de sí mismas. La pregunta: «¿Qué saco de esto?» no está muy lejos de sus pensamientos. Pero si un equipo ha de alcanzar su potencial, sus jugadores deben poner la agenda del equipo por sobre la suya propia. Algunas personas ven que la gran perspectiva de la teoría del bumerang de H. Jackson Brown es verdadera: «Cuando usted da lo mejor al mundo, el mundo devuelve el favor». Y si usted le da lo mejor al equipo, este le devolverá más de lo que usted le da; además, juntos lograrán más de lo que usted puede lograr por su cuenta.

> «*Cuando usted da lo mejor al mundo, el mundo devuelve el favor*».
>
> —H. JACKSON BROWN

Con seguridad hay otros precios individuales que se deben pagar para ser parte del equipo. Usted tal vez puede enumerar varios que ya ha pagado para estar en un equipo. El punto es que las personas pueden escoger mantenerse en las líneas de banda de la vida e intentar hacer todo solas, o pueden ingresar al juego para ser parte de un equipo. Este es un equilibrio entre la independencia y la interdependencia. Las recompensas del trabajo en equipo pueden ser grandes, pero siempre hay un costo. Usted siempre debe renunciar para crecer.

Hace casi un mes cuando me encontraba mostrando las diecisiete leyes del trabajo en equipo a un grupo de comerciantes en

Atlanta, y después de que enseñé la Ley del Precio, Virgil Berry se me acercó y me deslizó una nota que decía: «John, el precio por fallar es mayor que el precio por triunfar. El precio de aceptar el fracaso es pobreza, depresión, desánimo y espíritu oprimido». La gente de Montgomery Ward sabía esto muy bien. *El equipo no logra alcanzar su potencial cuando falla en pagar el precio.*

¿Cuál es el precio para una nación?

Pagar un alto precio no siempre garantiza la victoria. Muchos equipos se sacrifican de verdad, solo para no ver cumplidas sus metas. Sin embargo, a veces los sacrificios se recompensan con resultados. Ese fue el caso del ejército revolucionario de los recientemente formados Estados Unidos y de su comandante, George Washington, durante el invierno de 1777 en Valley Forge, Pensilvania.

El año 1777 no fue particularmente de éxito para el general Washington y sus tropas. Tras derrotas en Brandywine, Paoli y Germantown, y la pérdida de Filadelfia a manos de los británicos, Washington y once mil soldados entraron en Valley Forge el 19 de diciembre de ese año. Las tropas estaban desmoralizadas y enfrentaban la posibilidad de un invierno muy frío sin refugio adecuado y sin comodidades.

Quizás el mayor anhelo de esos hombres era ir a casa y olvidarse por completo de la guerra por la libertad. Pero si lo hacían, el costo sería alto. En la posición en que estaban podían vigilar las tropas británicas comandadas por el general Howe en Filadelfia. Más importante aun, en su posición podían defender a York, Pensilvania, a donde había huido el congreso continental cuando la capital cayó en manos de los británicos. Si los hombres en Valley Forge no hubieran estado dispuestos a pagar el precio, habría caído el gobierno, se habría desbandado el ejército y se habría perdido la guerra revolucionaria.

Las condiciones eran terribles. Los hombres estaban mal equipados y peor provistos. A los pocos días de su llegada, Washington escribió al congreso continental diciendo: «2,898 hombres no estaban aptos para cumplir su deber por estar descalzos o casi desnudos (insuficientemente vestidos para el clima glacial)». Las cosas estaban tan mal que los centinelas se debían parar sobre sus sombreros para evitar que se les congelaran los pies. Para el primero de febrero solo había cinco mil hombres disponibles para el servicio.[6]

Pagar el precio y después algo más

De modo milagroso las tropas no se rindieron. Soportaron el castigo del duro invierno. Pero hicieron más que solo esperar y sobrevivir. Aprovecharon el tiempo que tenían para convertirse en mejores soldados. Antes de su llegada a Valley Forge estaban desorganizados y sin formación. Para remediar eso, el general Washington empleó el talento de un antiguo oficial del ejército prusiano, el barón von Steuben.

Lo primero que hizo von Steuben fue imponer organización en el campamento e introdujo condiciones de salubridad. Luego bajo su instrucción una compañía de hombres se transformó en un estupendo equipo de soldados. A su vez ellos ayudaron a entrenar a otras compañías. Von Steuben también estandarizó las maniobras militares en todo el ejército, de modo que los hombres pudieran trabajar mejor como un equipo, sin importar qué oficiales los comandaran. Para la época en que el ejército se movilizó, en junio de 1778, estaban a la altura de cualquier grupo de soldados, incluso del ejército británico que algunos consideraban como el mejor del mundo.

El ejército de Washington continuó ganando batallas contra un ejército británico muy superior en números. Pelearon en la batalla de Lexington, la lucha decisiva que definió la guerra en favor de la nación recién formada. Quienes vivimos en Estados Unidos les estamos agradecidos porque el precio que pagaron hace más de doscientos años preparó el terreno para que viviéramos en un país de gran libertad y oportunidad. Aunque es cierto que *el equipo no logra alcanzar su potencial cuando falla en pagar el precio,* también es cierto que cuando se paga el precio las recompensas pueden ser grandiosas. Esa es la bendición de la Ley del Precio.

Pensamiento del equipo de trabajo

Rara vez usted obtiene más de lo que ha pagado.

Cómo ser un mejor miembro del equipo

Si usted es un conquistador de logros quizás tenga muchos sueños y metas. Escriba algunas de las cosas que anhela lograr dentro de los próximos cinco años:

1._____

2._____

3._____

4._____

5._____

6._____

7._____

8._____

9._____

10._____

Ahora, ¿a cuál de ellas está dispuesto a renunciar? Usted siempre debe estar dispuesto a hacerse esa pregunta cuando es parte de un equipo. Cuando sus metas personales están en conflicto con las metas más grandes de su equipo, usted tiene tres alternativas:

1. Abandona la meta (porque el equipo es más importante).

2. Aplaza la meta (porque no es el tiempo correcto).

3. Parte con el equipo (porque es lo mejor para todos).

Lo único a que usted no tiene derecho es a esperar que el equipo sacrifique sus metas colectivas por las suyas.

Cómo ser un mejor líder del equipo

Una de las cosas difíciles que usted debe hacer si dirige un equipo es convencer a sus compañeros de sacrificarse por el bien del grupo. Mientras más talentosos sean los miembros del equipo, más difícil quizás es convencerlos de poner al equipo en primer lugar.

Empiece por modelar el sacrificio. Muestre al equipo que usted está ...

- Dispuesto a hacer sacrificios económicos por el equipo.

- Dispuesto a mantenerse en crecimiento por el bien del equipo.

- Dispuesto a conferir poder a otros por el bien del equipo.

- Dispuesto a tomar decisiones difíciles por el bien del equipo.

Una vez que ha modelado una disposición de pagar su propio precio por el potencial del equipo, usted tiene la credibilidad para pedir a otros que hagan lo mismo. Luego, cuando usted reconozca los sacrificios que sus compañeros deben hacer por el equipo, muéstreles por qué y cómo hacerlos. Después alabe en gran manera los sacrificios de sus compañeros.

11

LA LEY DEL MARCADOR

El equipo puede hacer ajustes cuando sabe dónde está parado

U sted leyó en el capítulo anterior acerca de Montgomery Ward y Compañía, un gran comercio estadounidense que cayó en períodos difíciles debido a que hizo caso omiso de la Ley del Precio. Por un par de décadas parecía que otra institución estadounidense se dirigía a un desastre similar: Producciones Walt Disney.

EL RATÓN QUE RUGIÓ

La compañía por supuesto fue fundada por Walt Disney y su hermano Roy en la década de los veinte. Comenzaron por hacer cortos de animación silenciosa y creció hasta ser una de las más amadas y respetadas empresas de entretenimiento en el mundo. Continuamente se desarrollaban y abrían nuevos caminos. Produjeron los primeros dibujos animados hablados y la primera caricatura en colores, ambos caracterizaban a Mickey Mouse, quien desde entonces se convirtió en un ícono estadounidense. *Blanca Nieves*, la primera película de largo metraje animada, fue radicalmente una idea innovadora. Mientras se estaba produciendo, muchos la llamaron la «Locura de Disney». Cuando salió al mercado en 1937 se convirtió en la película de más éxito en esa época. (¡Algunos dicen que fue la de más éxito en todos los tiempos!)

Producciones Walt Disney realizó durante las dos décadas siguientes maravillosas películas que se convirtieron en clásicos. Se extendió a la producción televisiva. Abrió además el primer parque temático en el mundo. El nombre Disney se volvió sinónimo de entretenimiento familiar creativo.

LA COMPAÑÍA QUE GIMOTEA

Sin embargo, después de que Walt muriera en 1966, la empresa empezó a caer en un terreno lleno de baches. Cuando una vez Producciones Walt Disney sobresalió por la innovación, ahora estaba marcada por la imitación de su propio pasado de éxitos. Don Bluth, quien salió de Disney en 1979, comentó: «Sentíamos que estábamos animando la misma figura una y otra vez, con un poco de cambios en el rostro».[1]

En vez de tratar de mirar hacia adelante y abrir nuevos caminos, Card Walker, quien supervisaba la producción de películas, siempre se preguntaba: «¿Qué habría hecho Disney?» Las personas en el estudio empezaron a bromear morbosamente: «Estamos trabajando para un hombre muerto».[2] La compañía continuó produciendo películas sin originalidad que no rendían utilidades, y los ingresos continuaron achicándose. El departamento de películas tenía en 1981 un ingreso de $34.6 millones. En 1982 su ingreso había disminuido a $19.6 millones. El año 1983 provocó una pérdida de $33.3 millones. El valor de las acciones de Disney estaba cayendo en picada.

Durante ese período muchas corporaciones estadounidenses estaban cayendo víctimas de hostiles absorciones, donde los tiburones de Wall Street obtendrían el control de la empresa, la cortarían en pedazos y venderían sus partes con una utilidad para ellos y para sus patrocinadores. Puesto que las acciones de Disney estaban cayendo y se presentaban deudas, se convirtió en el objetivo de una hostil absorción.

En 1984, la compañía Disney a duras penas esquivó un intento de absorción, y estaba enfrentando la amenaza de otro, cuando su junta de directores finalmente dio una mirada realista a la posición de la empresa. Decidieron que si la compañía habría de sobrevivir se necesitaban cambios radicales, incluyendo algo que nunca se había hecho en su historia: llevar a alguien de fuera de Disney para que dirigiera la compañía.

De vuelta en el juego

Las personas seleccionadas para dar un vuelco a Disney fueron Michael Eisner como presidente de la junta y ejecutivo en jefe, y Frank Wells como presidente. Con relación a tan desafiante tarea, Eisner afirmó:

> Nuestro trabajo no era crear algo novedoso sino volver a lo mágico, vestir a Disney con ropajes de más clase y extender su alcance, para recordar a la gente por qué se amó a la empresa al principio ... Una marca es una entidad viva, y se enriquece o disminuye acumulativamente con el tiempo, es el producto de mil pequeños gestos.[3]

Eisner estaba escribiendo acerca de su trabajo en la marca Disney, pero sus comentarios describen el enfoque que él y Wells tomaron para revitalizar toda la compañía. Eso involucraba una variedad de estrategias.

En primer lugar Eisner y Wells cambiaron el nombre de la organización de Producciones Walt Disney a la Compañía Walt

Disney, reflejando la diversidad de sus intereses. También reunieron a todos los ejecutivos corporativos de la organización y directores de división en un almuerzo semanal, para crear unidad y para participar ideas a través de las divisiones. A su vez contrataron líderes claves, como Jeffrey Katzenberg, para dirigir sus operaciones de cine y televisión.

¡PROPÓSITO!

En cuestión de pocos años Disney se volvió a convertir en un jugador vital en la industria del entretenimiento. El moribundo departamento de televisión produjo éxitos como *Golden Girls* y *Home Improvement*. La sección de cine, que recientemente había producido pocas películas con grandes pérdidas económicas, produjo un volumen mayor de películas, de las cuales veintisiete de sus primeras treinta y tres reportaron utilidades. Pocos después la empresa tenía cuatro divisiones de cine: Disney, Touchstone, Hollywood Pictures y Miramax. Por primera vez en su historia, a finales de 1987, Disney se convirtió en el estudio número uno en taquillas. Además, el departamento de animación comenzó de nuevo a poner el ritmo para la industria al crear películas como *La sirenita, La bella y la bestia, Aladino* y *El rey león*.

Eisner y Wells también expandieron en nuevas áreas los esfuerzos de la empresa. Incrementaron la urbanización de la tierra y construyeron numerosos hoteles nuevos en Walt Disney World. También abrieron tiendas minoristas en centros comerciales por primera vez en 1987. Cuatro años después poseían ciento veinticinco tiendas que estaban generando trescientos millones de dólares en ingresos anuales. También mejoraron, por supuesto, sus parques temáticos por expansión, innovación y el establecimiento de sociedades estratégicas con personas como George Lucas y Steven Spielberg. Cuando Eisner y Wells tomaron el control de la compañía en 1984, los parques generaban ingresos por doscientos cincuenta millones de dólares. Para 1990 sus ingresos llegaban a ochocientos millones.

La Compañía Walt Disney tuvo en el año 2000 ingresos por veinticinco mil cuatrocientos millones de dólares, con dos mil novecientos millones de dólares en ganancias netas (más del doble de las cifras de 1984).[4] Disney no solo ha cambiado completamente. Se ha convertido en un gigante del entretenimiento y una de las corporaciones más poderosas en el mundo. Durante muchos de los años en que la empresa estuvo luchando, los miembros del equipo tuvieron la mirada puesta en su historia y en el recuerdo de su fundador muerto como indicador de qué hacer. Lo que necesitaban era mirar hacia el marcador. *El equipo puede hacer ajustes cuando sabe dónde está parado.* Eisner y Wells llevaron esa capacidad a la empresa. Comprendieron e implementaron la Ley del Marcador.

Cómo poner de relieve el marcador

Todo «juego» tiene sus propias reglas y su propia definición de lo que significa ganar. Algunos equipos miden su éxito en puntos anotados, otros en utilidades. Aun otros podrían ver la cantidad de personas a las que sirven. Pero no importa de qué se trate el juego, siempre hay un marcador. Y si un equipo ha de lograr sus metas, debe saber dónde está parado. Se debe evaluar a la luz del marcador.

> *Si un equipo ha de lograr sus metas, debe saber dónde está parado.*

¿Por qué es esto tan importante? Porque los equipos que triunfan hacen ajustes para constantemente mejorarse tanto ellos mismos como sus situaciones. Por ejemplo, vea cómo un equipo de fútbol enfoca un partido. Antes de iniciar la competencia el equipo pasa enormes cantidades de tiempo planificando. Los jugadores estudian horas de películas de juego. Pasan días imaginándose lo que su oponente probablemente hará, y deciden el mejor camino para ganar. Se idean un plan detallado de juego.

Cuando empieza el partido, el plan de juego es muy importante y el marcador no significa nada. Pero a medida que se desarrolla el partido, el plan de juego significa menos y menos, y el marcador se vuelve más y más importante. ¿Por qué? Porque el partido está cambiando constantemente. Como puede ver, el plan de juego le dice lo que usted *quiere* que suceda. Pero el marcador le dice lo que *está* sucediendo.

¿POR QUÉ EL MARCADOR?

Ningún equipo puede ganar si pasa por alto la realidad de su situación. Disney se aferró tenazmente por años a un plan de juego obsoleto, mientras el mundo y la industria del entretenimiento cambiaban a su alrededor. En realidad no le dieron una mirada en serio al marcador. Como resultado, se mantuvieron perdiendo. Eso es lo que sucede cuando usted hace caso omiso a la Ley del Marcador.

El marcador es esencial para cualquier clase de equipo en estas maneras:

1. El marcador es esencial para comprender

Los jugadores, entrenadores y fanáticos comprenden la importancia del marcador en los deportes. Por eso está muy visible en todo estadio, arena, coliseo o diamante. El marcador da una visión instantánea del juego en todo momento. Incluso si usted llega a la mitad de un partido puede ver el marcador y evaluar muy bien la situación.

Con frecuencia me sorprende la cantidad de personas fuera de los deportes que intentan triunfar sin un marcador. Algunas familias manejan su economía hogareña sin presupuestos y todavía se preguntan por qué tienen deudas. Algunos propietarios de pequeños negocios pasan año tras año sin seguir la trayectoria de sus ventas o sin hacer inventarios y se preguntan por qué sus negocios no crecen. Algunos pastores se ocupan de actividades respetables, pero no se detienen a medir si están alcanzando personas o actuando según las normas bíblicas.

> *El marcador da una visión instantánea del juego en todo momento.*

2. El marcador es esencial para evaluar

Creo que el crecimiento personal es una de las claves del éxito. Por eso durante más de veinte años he enseñado en conferencias y en libros acerca del crecimiento. Uno de los principios claves que enseño es este:

Crecimiento = Cambio

Sé que esto parece demasiado sencillo, pero a veces las personas pierden de vista el hecho de que no pueden crecer y permanecer de igual forma al mismo tiempo. La mayoría de los individuos están en una situación que se podría describir con lo que en cierta ocasión dijera el entrenador Lou Holtz: «No estamos donde queremos estar; tampoco estamos donde debemos estar; pero gracias a Dios que no estamos donde solíamos estar».

Sin embargo, cuando se trata de crecer, el solo cambio no es suficiente. Si usted quiere ser mejor tendrá que cambiar en la dirección adecuada. La única manera de hacerlo es evaluándose a sí mismo y evaluando a sus compañeros de equipo. Esa es otra razón para tener un marcador. Este le da una continua información de retroalimentación. Competir sin tener un marcador es como jugar bolos sin bolos. Usted quizás trabaje arduamente, pero en realidad no sabe cómo le está yendo.

3. El marcador es esencial para tomar decisiones

Una vez que usted ha evaluado su situación, está listo para tomar decisiones. En el fútbol americano, el mariscal de campo utiliza la información que le dan los marcadores para decidir la jugada que debe seguir. En el béisbol, el marcador ayuda al entrenador a saber cuándo hacer intervenir a un lanzador de relevo. En el básquetbol se puede usar para decidir en qué momento pedir tiempo.

Eso sucedió en el caso de Disney. Al principio Eisner observó la empresa para comprender su situación general. Luego evaluó la eficacia de cada área individual. Solo entonces pudo tomar decisiones relacionadas con cómo volver a poner en marcha a Disney.

4. El marcador es esencial para hacer ajustes

Mientras más elevado sea el nivel en que usted y su equipo están compitiendo, menores serán los ajustes indispensables para lograr los mejores resultados. No obstante, el secreto de ganar está en hacer ajustes claves, y el marcador le ayudará a ver dónde se deben hacer.

Uno de los hombres de mi personal está empleando una clase única de marcador que le ayuda a hacer los ajustes necesarios para proseguir al siguiente nivel. Me refiero a Kevin Small, el presidente de INJOY. Kevin es de los que, con gran energía y entusiasmo, consiguen lo que se proponen. Puesto que es un líder joven, también tiene áreas débiles en las que debe trabajar. Para que le ayudara en esto contrató un profesor particular, quien lo aconseja, lo ayuda a llevar el marcador de su vida y lo hace responsable de su crecimiento. Esto en realidad lo está ayudando. Los pequeños ajustes que Kevin está haciendo lo están llevando a otro nivel y lo están acercando a la realización de su ya extraordinario potencial.

5. El marcador es esencial para ganar

A fin de cuentas, nadie puede ganar sin un marcador. ¿Cómo podría usted saber cuándo se está acabando el tiempo si no mira el marcador? ¿Cómo saber si debe ganar tiempo o perderlo sin un marcador como instrumento de medición? Si su deseo es manejar sin ninguna prisa, acompañado de algunos amigos, entonces no se debe preocupar por nada. Pero si su intención es ganar las quinientas millas de Indianápolis, ¡entonces usted y su equipo *deberán* saber cómo les está yendo!

Algunas organizaciones ven el marcador como un mal necesario. Otras intentan hacerle caso omiso; algo que no pueden hacer por mucho tiempo y aún tener buenos resultados en su profesión. Algunas organizaciones revisan el marcador como parte importante de su labor, para reconocer y aprovechar continuamente las oportunidades que las conducen a un éxito espectacular.

GRAN TACTO EN UN MUNDO DE ALTA TECNOLOGÍA

Este es seguramente el caso de eBay. Personalmente no soy técnico. No tengo computadora (ni siquiera sé usarla), por tanto no he usado eBay. La primera vez que oí hablar de ella fue a través de unos amigos coleccionistas quienes, según ellos, lograban encontrar bienes deseados por medio de subastas que se realizaban en el Internet. Parecían divertirse, pero para decir la verdad, no les puse mucha atención. Luego comencé a ver artículos acerca de eBay en las páginas financieras y a leer acerca del presidente y director ejecutivo de la compañía, Meg Whitman.

Ebay es una empresa de comercio electrónico que se especializa en conectar en línea a compradores y vendedores de bienes.

Fue fundada por Pierre Omidyar en la sala de su casa en San José, California, en septiembre de 1995, con la idea de ayudar a las personas a encontrar objetos usados, extraños o coleccionables. La idea despegó y tuvo tanto éxito que Omidyar reconoció al poco tiempo que era demasiado para él. Fue entonces cuando contrató a Meg Whitman, quien tenía una maestría de Harvard en administración de empresas y una gran experiencia en dirección como administrador general, presidente y director ejecutivo de FTD, y primer vicepresidente de la compañía Walt Disney.

Un artículo de la revista *Time* explica de este modo el éxito de eBay:

> Como intermediario en línea entre compradores y vendedores, eBay está construyendo un imperio que no ha tocado ladrillo ni cemento. Meg Whitman, … director ejecutivo de eBay, dice: «Si Buy.com quiebra, usted aún puede ir a Circuit City». Y puesto que el trabajo de eBay es conectar personas (no venderles productos), no se le endilga el costo de una estructura tradicional de ventas al por menor … «eBay es el único minorista electrónico que cumple realmente la promesa del Web», dice Faye Landes, un analista de comercio electrónico de Sanford C. Bernstein & Co.[5]

La verdadera genialidad de eBay es su dominio de la Ley del Marcador. Constantemente hacen ajustes debido a que saben dónde se encuentran y esto los mantiene en la delantera. En el caso de eBay, el marcador son los deseos e intereses de sus clientes y sobre todo de sus clientes potenciales. Comprendiendo que a muchas personas les preocupan las transacciones monetarias por Internet, eBay hizo de la confiabilidad, la seguridad y la privacidad el sello característico de su empresa. Sabiendo que las personas querían obtener información específica acerca de los vendedores de mercancía en su sitio, eBay creó un sistema único de clasificación que permite a los suscriptores intercambiar información. Incluso la empresa creó un grupo especial de apreciación del consumidor, para que averiguara lo que las personas quieren.

Cómo aprender del cliente

En los últimos tres años eBay ha aprendido todo lo posible acerca de sus usuarios y de lo que estos desean, mientras toma el pulso de lo que pasa con las principales tendencias de consumo. La compañía ha pasado de ser un lugar de comercio de muñecas a ser un servicio multifacético de subastas que entre otros servicios ofrece:

- Un local especial para comerciar artículos difíciles de enviar

- Servicio mundial de subasta que cubre ciento cincuenta países (con una gran presencia en Europa)

- Un intercambio de productos y servicios de negocio a negocio

- Un lugar de subastas de automóviles

- Servicios de bienes raíces

En el 2000, cuando eBay vio que una compañía naciente llamada Half.com prosperaba vendiendo discos compactos, libros, películas y juegos de video, todo usado, a precios de colección, eBay compró la empresa y la agregó a sus propiedades.[6]

El resultado es que eBay ha recibido gran reconocimiento y centenares de galardones, incluyendo Empresario del Año *Business Week*; premio al minorista del año, concedido por *E-Retailer*; y el reconocimiento de *Forbes* como una de las cien empresas más dinámicas en Estados Unidos. En el 2000 tenía veintidós millones y medio de usuarios registrados, controlaba 80% del mercado de subastas en línea, y sus ingresos fueron de 430 millones de dólares (92% más que en 1999).

Mientras otras empresas basadas en el Internet están luchando para sobrevivir, y buscando maneras de tener finalmente utilidades, eBay parece lista a mantenerse creciendo y ganando. ¿Por qué? Porque siempre tiene la vista puesta en el marcador. *Y el equipo puede hacer los ajustes cuando sabe dónde se encuentra.* Esa es la Ley del Marcador.

PENSAMIENTO DEL EQUIPO DE TRABAJO

Cuando usted sabe qué hacer, puede hacer entonces lo que sabe.

CÓMO SER UN MEJOR MIEMBRO DEL EQUIPO

¿Cuál es el marcador en su negocio o área? ¿Cómo mide usted su progreso? ¿Está en lo primordial? ¿Está en la cantidad de personas a las que llega? ¿Está en el nivel de excelencia o innovación con que hace su trabajo? ¿Cómo mantiene la puntuación?

> *Cuando usted sabe qué hacer, puede hacer entonces lo que sabe.*

Tome algún tiempo para identificar la manera en que su equipo mantiene la puntuación. Escriba aquí esos criterios:

_____

_____

_____

_____

_____

Ahora piense en cómo se debería medir usted individualmente. ¿Qué senda debería seguir para asegurarse de que está haciendo lo mejor? Escriba aquí esos criterios:

_____

_____

_____

_____

Cómo ser un mejor líder del equipo

Si usted dirige el equipo tiene la responsabilidad primordial de revisar el marcador y de comunicar la situación del equipo a sus miembros. Esto no necesariamente significa que usted lo obtenga todo por sí mismo, sino que deberá asegurarse de que los miembros del equipo continuamente evalúen, hagan ajustes y tomen decisiones tan rápido como sea posible. Esa es la clave para vencer.

¿Tiene usted un sistema que le asegure que eso sucede? ¿O confía por lo general en su intuición? No está mal usar la intuición mientras tenga algunos refuerzos a prueba de fallas que le aseguren que no defraudará al equipo.

Evalúe cuán continua y eficazmente consulta usted su «marcador». Si no lo está haciendo tan bien como debería, entonces cree un sistema que le ayude a hacerlo o que fortalezca a los líderes de su equipo para compartir la responsabilidad.

12

LA LEY DE LA BANCA DE APOYO

Los grandes equipos tienen mucha fuerza colectiva

Habrá escuchado alguna vez la expresión: «No se ha acabado mientras la señora gorda cante», o el famoso comentario de Yogi Berra: «No se ha acabado a menos que se haya acabado». ¿Le sorprendería saber que a veces se *ha* acabado antes de haberse acabado … y que usted puede saber cuándo ocurre esto si conoce la Ley de la Banca de Apoyo?

Le daré un ejemplo. Un sábado de septiembre del 2000 fui a un partido de fútbol americano con unos amigos: Kevin Small, presidente de INJOY; Chris Goede, quien solía jugar béisbol profesional; y Steve Miller, mi maravilloso yerno. Estábamos esperando un emocionante partido entre los Casacas Amarillas de Georgia Tech y los Seminoles del Estado de Florida (FSU), aunque FSU era el fuerte favorito. Existe mucha rivalidad entre todos los equipos universitarios de Georgia y Florida, por tanto se enfrentan con mucha entrega. Ese día no estábamos decepcionados. Los equipos estuvieron luchando y el marcador estaba parejo. Tech jugaba con todo el corazón.

Solo cuestión de tiempo

Pero cuando terminó el tercer cuarto, dije: «Vamos muchachos. Esto se acabó». A veces abandono los partidos antes de que terminen porque odio quedar atrapado en el tráfico. Por supuesto, me quedo hasta el final de un partido si está realmente parejo o quizás tenga alguna importancia histórica (como un juego perfecto en el béisbol). En aquel día los muchachos se sorprendieron por mi deseo de salir, especialmente debido a que el partido estaba parejo y el Tech finalmente se ponía en ventaja 15 a 12.

> *Sencillamente un gran iniciador por sí solo no es suficiente si un equipo quiere ir al nivel superior.*

—¿No quieres ver el final del partido? —preguntó Chris con un poco de curiosidad.

—No, este partido se acabó —dije—. Vamos al auto.

En nuestro camino de regreso hablamos del asunto. Es cierto que allí Tech seguía adelante contra FSU, especialmente cuando los Casacas Amarillas estaban defendiéndose. Esa no era una labor sencilla, puesto que los Seminoles tenían una ofensiva poderosa. Sin embargo, yo había notado durante el transcurso del partido que mientras los iniciadores de Tech aún estaban jugando, FSU había estado sustituyendo muchos jugadores de la banca de apoyo y el nivel de juego de su equipo no había impactado de modo negativo. Debido a eso yo sabía que era cuestión de tiempo que poderosa banca de apoyo de FSU cansara a los jugadores de Tech. Efectivamente, el partido terminó con un marcador de 26 a 21, con FSU como ganador. Ese es el impacto de la Ley de la Banca de Apoyo. *Los grandes equipos tienen mucha fuerza colectiva.*

El papel de la banca de apoyo

No es difícil ver en los deportes la importancia de tener buenos jugadores de reserva sentados en el banco. En la Liga Mayor de Béisbol, los equipos que ganan campeonatos lo hacen debido a que tienen más que una buena rotación de lanzadores y un sólido bloqueo. Ellos poseen grandes lanzadores de reserva y jugadores fuertes quienes pueden sustituir o batear de emergencia saliendo de la banca. En la NBA, los jugadores y los fanáticos han reconocido desde hace mucho tiempo el impacto de la banca al hablar de la importancia total del «sexto hombre»: la persona que hace una gran contribución al éxito del equipo y sin embargo no es uno de los cinco iniciadores en la cancha de básquetbol. Además, los entrenadores modernos de fútbol americano profesional manifiestan la necesidad de tener dos mariscales de campo sumamente habilidosos y capaces de hacer ganar partidos a sus equipos. Sencillamente un gran iniciador por sí solo no es suficiente si un equipo quiere ir al nivel superior.

Cualquier equipo que desee sobresalir debe tener tanto buenos sustitutos como buenos iniciadores. Eso es cierto en cualquier campo, no solo en los deportes. Quizás usted pueda hacer algunas cosas maravillosas con solo un puñado de personas sobresalientes, pero si quiere que su equipo triunfe en un largo trayecto, debe formar su banca. Un gran equipo sin banco finalmente fracasa.

Cómo definir de la banca de apoyo

En los deportes es fácil definir qué personas inician y cuáles se quedan en la banca. Pero, ¿cómo definirlas en otros campos? Sugiero las siguientes definiciones:

Iniciadores son los individuos de primera línea que directamente añaden valor a la organización o que influyen en su curso de forma directa.

La banca está constituida por las personas que indirectamente añaden valor a la organización o que apoyan a los iniciadores con lo que hacen.

Todo el mundo reconoce la importancia de los iniciadores en un equipo. Son quienes están más a menudo en primer plano. Como resultado, obtienen la mayor parte del crédito. Ambos grupos son importantes, pero si uno de ellos está sujeto al olvido o a que no se le reconozca como merece, ese es por lo general la gente de la banca. Es más, quienes probablemente más desacreditan o no tienen en cuenta la contribución de la banca son quizás los iniciadores. A algunos jugadores claves les encanta recordar a los sustitutos que ellos (los iniciadores) «están en la cumbre». Sin embargo, cualquier iniciador que minimiza la contribución de la banca es egoísta, subestima lo que lleva a un equipo a triunfar, y no comprende que *los grandes equipos tienen mucha fuerza colectiva.*

El mejor ejemplo de un líder que comprende la Ley de la Banca de Apoyo es John Wooden, el «Mago de Westwood», de UCLA, cuyo equipo ganó diez campeonatos nacionales universitarios. El entrenador Wooden valoraba a todas las personas de su equipo y la contribución que hacía cada una. Ningún entrenador logró una mejor labor al mantener el juego de sus equipos en el más alto nivel por tanto tiempo como lo hizo Wooden. Este observó: «La ausencia de egoísmo es una característica en la que siempre he insistido. Siempre creí que todo equipo de básquetbol es una unidad, y nunca separé a mis jugadores en iniciadores y sustitutos. Intenté clarificar que todo individuo juega un papel, incluyendo el director técnico, los asistentes, el entrenador y los directivos».[1]

EL BANCO ES INDISPENSABLE

Todo ser humano tiene valor, y todo jugador añade valor al equipo en alguna manera. Esas solas verdades deberían ser suficientes para hacer que los miembros del equipo cuiden a los jugadores de la banca. Sin embargo, también existen razones más específicas para honrar y desarrollar a los jugadores que tal vez no sean considerados «iniciadores». He aquí algunas:

1. Los jugadores que hoy están en la banca podrían ser las estrellas del futuro

Raras son las personas que comienzan sus carreras como estrellas; y quienes lo hacen a veces descubren que su éxito es como el de algunos niños artistas: Después de un breve resplandor en el escenario no son capaces de volver a capturar la atención que una vez tuvieron.

Las personas con mayor éxito pasan por un aprendizaje o período de maduración. Tenga en cuenta a alguien como Joe Montana, quien ingresó al salón de la fama de la NFL en el año 2000. Pasó dos años en la banca como reserva antes de ser nombrado el cuadragésimo noveno iniciador de San Francisco. Como estaba rompiendo récords y dirigiendo a su equipo a numerosos Super Bowls, la persona que se sentó en la banca como su reserva fue Steve Young, otro gran mariscal de campo.

> *Todo ser humano tiene valor, y todo jugador añade valor al equipo en alguna manera.*

A algunos miembros talentosos del equipo se les reconoce muy temprano su gran potencial y se les prepara para triunfar. Otros trabajan en el anonimato por años, aprendiendo, creciendo y ganando experiencia. Luego de una década de ardua labor se convierten en «triunfadores de la noche a la mañana».

Con la manera en que hoy día las personas van de trabajo en trabajo (incluso de carrera en carrera), los buenos líderes siempre deberían mantener los ojos abiertos en busca de talentos emergentes. Nunca se apresure a encasillar a nadie en su equipo como un no iniciador. Si se da el adecuado incentivo, entrenamiento y oportunidades, casi cualquiera que tenga el deseo tiene también el potencial para surgir algún día como jugador de impacto.

2. El éxito de un jugador de apoyo puede multiplicar el de un iniciador

Cuando cada miembro del equipo cumple el papel que mejor corresponde con sus dones, talentos y experiencia, y se destaca en ese papel, entonces el equipo realmente va viento en popa. Es el logro de todo el equipo lo que hace florecer a los iniciadores, y es el logro de los iniciadores lo que hace florecer al equipo. En realidad el equipo como un todo es mayor que la suma de sus partes. O podemos decirlo en el modo que lo expresó John Wooden: «El ingrediente principal del estrellato es el resto del equipo».

> «El ingrediente principal del estrellato es el resto del equipo».
>
> —JOHN WOODEN

Quizás usted ha visto equipos dirigidos por personas que no comprenden esta verdad. Por ejemplo, tienen vendedores de extraordinario valor que pasan la mitad de su tiempo en un mar de burocracia y papeleo en vez de estar haciendo llamadas a clientes potenciales. Si la organización contratara a alguien que disfrute las tareas administrativas, los vendedores no solo estarían más contentos y serían más productivos sino que las ganancias en las ventas compensarían con creces el costo de tener esa persona.

Nosotros seguimos esta regla en ISS, mi empresa que asesora iglesias para recaudar fondos. Empleamos asesores cuyas habilidades y antecedentes son realmente uno en un millón. Ellos trabajan en la calle con cientos de iglesias individuales cada año, y allí es donde deben estar para utilizar sus potenciales. Sin embargo, cada labor de asesoría exige muchas cartas, manuales de instrucción y otros materiales impresos. Para conseguir eso, ISS emplea un equipo de apoyo de personas talentosas, las cuales hacen un fabuloso trabajo con esa tarea. Todo el equipo gana cuando a cada individuo se le permite trabajar en un área de su fortaleza.

3. Hay más jugadores de banca que iniciadores

Si usted observa la lista de nombres en cualquier equipo triunfador verá que a los iniciadores siempre los superan los demás jugadores en el equipo. En el básquetbol profesional, doce personas están en la banca pero solo cinco inician el juego. En los equipos de la Liga Mayor de Béisbol inician nueve, pero son cuarenta los jugadores. En el fútbol americano profesional empiezan veintidós personas en la ofensiva y la defensa, pero a los equipos se les permite tener cincuenta y tres jugadores. (¡Los equipos universitarios tienen más de cien!)

Usted encuentra situaciones parecidas en todas las esferas. En la industria del entretenimiento a menudo los actores son conocidos, lo que no ocurre con los centenares de miembros de los equipos que hacen una película. Todo el mundo en el ministerio reconoce a las personas que están al frente durante un culto de adoración, pero se necesitan veintenas de individuos que trabajen detrás del escenario para que se realice el culto. Por cada político, ejecutivo empresarial o diseñador famoso que usted conozca hay cientos de personas trabajando silenciosamente entre bastidores para hacer posible su labor. Nadie puede descartar a la mayoría del equipo y esperar tener éxito.

4. Un jugador de banca colocado correctamente en su lugar será en ocasiones más valioso que un iniciador

Creo que si usted pregunta a la mayoría de las personas cómo clasificarían a los asistentes administrativos como miembros del equipo, les dirían que los consideran jugadores de banca, ya que su papel principal es apoyar. Yo estaría de acuerdo con eso; aunque en algunos casos el personal administrativo sí tiene influencia directa en una organización.

Tome por ejemplo a mi asistente, Linda Eggers. Con el paso de los años ella ha hecho de todo en INJOY. Ha sido la contadora de la compañía. Solía tomar parte en nuestros congresos. Estudiaba el mercado y desarrollaba productos. Ella es una persona muy talentosa. Creo que Linda es capaz de hacer cualquier cosa. Sin embargo, decidió hacer un papel de apoyo como mi asistente. En tal posición hace un enorme impacto. Hoy día mi compañía tiene más de doscientos empleados. Respeto y valoro a cada uno de ellos. Pero si mañana lo perdiera todo y solo pudiera conservar a cinco o seis personas con quienes empezar desde cero, lucharía porque Linda fuera una de ellas. Su valor como persona de apoyo la convierte en una iniciadora.

5. Una banca firme da al líder más opciones

Cuando un equipo no tiene banca, la única opción de su líder es rotar a los iniciadores en sus puestos para maximizar su eficacia. Si un iniciador no puede actuar, el equipo no está de suerte. Cuando un equipo tiene una banca débil, entonces el líder tiene muy pocas opciones, y con frecuencia no son muy buenas. Pero cuando un equipo tiene una gran banca, las opciones son casi ilimitadas.

Por eso es que alguien como Bobby Bowden, el director de FSU, pudo vencer a Georgia Tech. Si uno de sus jugadores se lesionaba, tenía a alguien para reemplazarlo. Si su oponente cambiaba los defensas, él tenía jugadores ofensivos en reserva para vencer el desafío. No importa qué clase de situación enfrentaba, con una banca firme tenía opciones que le darían al equipo una oportunidad de ganar.

> *Cuando un equipo tiene una gran banca, las opciones son casi ilimitadas.*

6. Generalmente se apela a la banca en momentos críticos para el equipo

¿Qué se debe hacer cuando un ejército está en problemas? Llamar a los reservistas. Así ocurre en todo aspecto de la vida. Usted no necesita la banca cuando las cosas están saliendo bien, sino cuando salen mal. Si el iniciador se lesiona y el partido está en peligro, interviene un sustituto. La eficacia de esa persona determina a menudo el éxito del equipo.

Si su equipo está pasando un período difícil, entonces usted sabe la importancia de tener una buena banca. Pero si está experimentando un tiempo sin obstáculos, entonces es el momento de desarrollar sus jugadores de reserva. Forme hoy la banca para la crisis que enfrentará mañana.

LAS ACCIONES DE HOY EDIFICAN EL EQUIPO DE MAÑANA

Mientras usted piensa en los iniciadores y jugadores de la banca en su equipo, reconozca que el futuro de su equipo se puede predecir por tres situaciones:

1. Reclutamiento: ¿Quién se está uniendo al equipo?

Adlai E. Stevenson dijo: «Solo existen tres reglas para una sólida administración: seleccionar hombres buenos, decirles que no descuiden los detalles, y apoyarlos al máximo; y seleccionar hombres buenos es la más importante». Usted no puede formar un equipo ganador sin buenos jugadores.

Cuando de contrataciones se trata, realmente solo hay dos alternativas: O encuentra el jugador para la posición o encuentra la posición para el jugador. En la primera situación usted tiene una posición vacante y busca a alguien que la llene. Ese es el modo normal en que funcionan la mayoría de las contrataciones. Pero a veces, aun cuando no tenga una posición vacante, encuentra un jugador potencial, tan bueno que usted sencillamente no puede dejar pasar la oportunidad de tenerlo en el equipo.

Eso fue lo que me ocurrió el año pasado con John Hull. Yo no tenía un cargo específico para él cuando descubrí que él podría estar interesado en trabajar para el Grupo INJOY. Pero es un jugador de tan gran impacto que lo contraté. A los pocos meses se convirtió en presidente de EQUIP, la organización sin fines de lucro que fundé, cuando su presidente original, Ron McManus, decidió dirigir otro departamento para mí. Si no hubiera contratado a John, el equipo podría haber perdido un líder extraordinario.

2. Capacitación: ¿Está usted desarrollando el equipo?

Usted no puede resolver los problemas de mañana con soluciones de hoy. Si quiere que el equipo triunfe cuando enfrente nuevos retos, debe prepararlo. Eso significa ayudar a los iniciadores a maximizar sus potenciales y capacitar a las personas en la banca para que se conviertan en iniciadores cuando se presente la oportunidad.

Si usted tiene responsabilidad de liderazgo para su equipo, entonces tome la iniciativa de asegurarse de que todos en el equipo estén creciendo y mejorando.

> *Usted no puede resolver los problemas de mañana con soluciones de hoy.*

3. Perdedores: ¿Quién está dejando el equipo?

El único lugar que no pierde personal es el cementerio. Es inevitable perder miembros del equipo. Pero la buena noticia es que usted puede escoger a quién perder. Si conserva personas no productivas, las productivas se frustran y se van. Si usted saca los individuos que no añaden valor, entonces todo el equipo mejora. Es como podar árboles: si no corta las ramas secas, finalmente se seca todo el árbol. Pero si quita las ramas secas, el árbol se vuelve más saludable, las ramas sanas producen más, y nacen en él nuevas ramas productivas.

El mejor modo de describir cómo crecer y mejorar el equipo y su banca es lo que llamo el principio de la puerta giratoria. Así es como funciona: Un equipo siempre tendrá ganancias y pérdidas. En cualquier organización siempre hay un flujo constante de personas entrando y saliendo. La clave para su éxito futuro es a quiénes está perdiendo y a quiénes está ganando.

Digamos, por ejemplo, que usted puede calificar la eficacia de cada persona en una escala de 1 a 10, siendo 10 el máximo puntaje. Al dar vueltas a la puerta giratoria, si su equipo pierde 4s y gana 8s, entonces su futuro parece brillar. Si pierde 8s y gana 4s, entonces su futuro parece poco prometedor. Si pierde 4s y gana otros 4s, entonces está cansando a su equipo con actividad pero no está progresando.

FASES DE UNA ORGANIZACIÓN Y SU PUERTA GIRATORIA

Cualquier equipo que está evitando el estancamiento e intentando mejorar sufrirá cambios, y así como gira la puerta giratoria, diferentes clases de personas irán y vendrán durante varias fases. Por ejemplo, cuando una nueva organización está comenzando hace contrataciones de modo considerable. No tiene nada que perder y le complace ganar a cualquiera. La buena noticia es que a medida que entra la gente se va formando un equipo. La mala noticia es que las personas que el equipo está obteniendo no son siempre buenas.

Algunos miembros del equipo se van cuando se les pide comprometerse. Pero eso es bueno. El compromiso obliga a salir a los no comprometidos, mientras hace aun más firmes a los que ya se han comprometido.

Una vez que el equipo tiene un núcleo comprometido y comienza a crecer, de nuevo gana gente. Las personas que se unen al equipo son atraídas a menudo por el nivel de compromiso que ven en los participantes existentes. Eso levanta la capacidad del equipo y lo impulsa hacia el logro, lo que lo conduce al éxito.

Sin embargo, una vez que un equipo llega a tener éxito, algunos de sus miembros lo dejarán para intentar conseguir más triunfos por su cuenta. Esa es una época difícil para el equipo. Usted quizás pueda persuadir a las personas de que se queden, si las enfrenta a mayores desafíos y comparte con ellas tanto las responsabilidades como las recompensas. (¡Si no lo logra, probablemente tendrá que confiar en sus jugadores de reserva, y solo entonces descubrirá qué clase de banca ha formado!)

Clase de equipo	Ganancia o pérdida	Naturaleza de la ganancia o pérdida
Equipo nuevo	Mayores ganancias que pérdidas	Las ganancias no siempre son buenas
Equipo comprometido	Mayores pérdidas que ganancias	Las pérdidas son buenas
Equipo creciente	Mayores ganancias que pérdidas	Las ganancias son buenas

Equipo triunfante	Mayores pérdidas que ganancias	Las pérdidas no son buenas
Equipo de ensueño	Mayores ganancias que pérdidas	Las ganancias son buenas

Finalmente, si usted puede mantener el crecimiento en medio del éxito, y repetir el proceso mientras forma continuamente su banca, entonces puede crear un equipo de ensueño. Eso es lo que han hecho organizaciones como General Electric, Disney y Home Depot. Su crecimiento continuo y la reputación de prosperidad les sigue atrayendo buena gente.

¿Quién es su jugador más valioso?

La clave para aprovechar al máximo la Ley de la Banca es mejorar continuamente al equipo. Cuando desarrolle mejores jugadores, hágalo primero con sus iniciadores. Luego organice la banca. Haga eso por bastante tiempo y forjará un gran equipo, porque *los grandes equipos tienen mucha fuerza colectiva*. Esa es la Ley de la Banca de Apoyo.

Desarrollar un gran equipo no es un proceso fácil. Se necesita mucho trabajo. Además, mientras más grande sea la organización, más difícil se vuelve la tarea. Estoy sumamente consciente de eso porque en los últimos tres años y medio el Grupo INJOY ha crecido de menos de cincuenta personas a más de doscientas. Cuando usted ha experimentado tal clase de crecimiento explosivo, quien hace las contrataciones quizás sea su jugador más valioso.

Permítame hablarle de la persona más responsable de mantener la puerta giratoria moviéndose en la dirección correcta en mi empresa. Su nombre es Stacy Buchanan. Hace dos años y medio un conocido de ella que era buscador de ejecutivos la dirigió al Grupo INJOY. En aquel tiempo nosotros estábamos buscando un contador principal, y Stacy tenía mucha experiencia en contabilidad. Ella había hecho mucho del trabajo preliminar para convertirse en contadora pública certificada. También había trabajado durante seis años en una y organización sin fines de lucro conocida internacionalmente pasó varios años enseñando.

MOVIMIENTO AUDAZ

Stacy creía con todo su corazón que pertenecía al Grupo INJOY, y quería realmente trabajar con nosotros. Pero lo último que quería hacer en el mundo era volver a trabajar en contabilidad. Christine Johnson, una antigua empleada de INJOY que en ese tiempo trabajaba como nuestra gerente de contrataciones, se encargó de entrevistar a Stacy. Christine manifestó que Stacy era un «águila», y no quería dejarla ir. Por tanto se la presentó a Dick Peterson. Cuando hablaron, él también se pudo dar cuenta que ella era un gran partido. Finalmente le preguntó: «¿Qué quieres hacer?»

Stacy se armó de valor y al fin respondió: «Para ser franca, Dick, deseo el trabajo de Christine».

Eso sonó como música para los oídos de Christine, quien estaba dedicada por completo a reclutar nuevos empleados, pero en realidad no disfrutaba lo que hacía, ni estaba utilizando sus fortalezas mayores. Ella y Dick se pusieron felices de crear un cargo para Stacy. En los treinta meses a partir de esa fecha ella ha contratado cerca de doscientas personas para la compañía (tanto iniciadores como jugadores de banca). Está haciendo un magnífico trabajo.

> *La clave para aprovechar al máximo la Ley de la Banca de Apoyo es mejorar continuamente al equipo.*

«Sé que corro el riesgo de parecerme a un predicador con mis seis claves», dice Stacy «pero esto le dará una idea de cómo ubico a las personas. Analizo las siguientes áreas:

1. *Personalidad:* Utilizo el examen del DISCO, una herramienta de diagnóstico que indica si la personalidad de alguien es impulsadora, influyente, de apoyo o calculadora.

2. *Pasión:* Averiguo lo que las motiva: resultados, relaciones, dinero, reconocimiento, afirmación, influencia o seguridad.

3. *Modelo:* Busco modelos en sus triunfos y fracasos. Descubro si trabajan mejor solas o en equipo.

4. *Potencial:* Intento ver lo que podrían lograr con dirección, motivación, capacitación y liderazgo adecuados. Indico particularmente si son sostenedores o forjadores.

5. *Reseña:* Estimo si calzarán en nuestro ambiente y si son realmente material INJOY.

6. *Ubicación:* Finalmente trato de evaluar dónde calzan: qué equipo se beneficiará de ellas y a su vez las beneficiará».

Stacy ha hecho un trabajo extraordinario al levantar nuestro equipo por medio del reclutamiento. Ahora está extendiendo su papel al área de la capacitación. Ella ha jugado un papel decisivo en el inicio de los nueve grupos de guianza que actualmente hay en el Grupo INJOY. Stacy resume su trabajo diciendo: «Mi anhelo es ver que las personas interpreten la música que contienen sus almas».

Si usted quiere que su equipo se convierta en lo mejor que puede ser, entonces debe concentrarse en quiénes está ganando, quiénes está perdiendo, y a quiénes está desarrollando. Esa es la única manera de forjar un gran equipo; debe ser sólido en todo nivel. Además, no pierda de vista la Ley de la Banca de Apoyo. Recuerde, *los grandes equipos tienen mucha fuerza colectiva.*

♦

PENSAMIENTO DEL EQUIPO DE TRABAJO

Los mejores jugadores lo hacen a usted un mejor jugador.

CÓMO SER UN MEJOR MIEMBRO DEL EQUIPO

¿Cómo se definiría usted: como un jugador de la banca o un iniciador? Si está en la banca, entonces su trabajo es hacer dos cosas: ayudar a los iniciadores a brillar, y prepararse para ser un iniciador en el futuro. Usted puede hacerlo al cultivar una actitud de servicio y docilidad, y al hacer todo lo que pueda por aprender y crecer.

Si usted es un iniciador, entonces no solo debería dar lo mejor de sí por el bien del equipo sino que también debería honrar a las personas en la banca. Puede hacerlo reconociendo el valor de la contribución que han hecho, y ayudándoles a prepararse para que algún día sean iniciadores. Si aún no está guiando a un compañero de equipo en el de la banca, comience a hacerlo inmediatamente.

CÓMO LLEGAR A SER UN MEJOR LÍDER DEL EQUIPO

Si usted dirige su equipo, es responsable de asegurarse de que la puerta giratoria se mueva de tal manera que al equipo se estén uniendo mejores jugadores que los que están saliendo. Una de las maneras en que puede facilitar eso es poniendo altos valores en las personas buenas que usted ya tiene en el equipo.

Todo equipo tiene tres grupos de jugadores. En este capítulo ya describí los *iniciadores*, quienes añaden directamente valor a la organización o influyen directamente en su curso, y los *jugadores del banco*, quienes añaden valor indirectamente a la organización o apoyan a los iniciadores en lo que hacen. El tercer grupo es un núcleo central dentro de los iniciadores, a los que llamo *miembros del círculo íntimo*. Estas son personas sin las cuales el equipo se vendría abajo. Su trabajo es asegurarse de que cada grupo se esté desarrollando continuamente para que los jugadores del banco puedan llegar a convertirse en iniciadores, y los iniciadores puedan convertirse en miembros del círculo íntimo.

Si usted no está seguro de quiénes son los miembros del círculo íntimo en su equipo, entonces haga este ejercicio: escriba los nombres de los iniciadores en su equipo. Ahora, determine de quién podría prescindir mayormente. Revise uno por uno los nombres de las personas cuya pérdida, en caso de que salieran, perjudicaría menos al equipo. En algún punto se quedará con el pequeño grupo de personas sin las cuales el equipo se desmoronaría. Ese es su círculo íntimo. (Incluso usted puede calificar aquellas personas remanentes en orden de importancia.)

Este es un buen ejercicio para que recuerde el valor de las personas de su equipo. Y a propósito, si el trato que usted les da no corresponde a sus valores, está corriendo el riesgo de perderlas y hacer que su puerta giratoria se vuelva contra usted.

13

LA LEY DE LA IDENTIDAD

Los valores compartidos definen al equipo

Al menos un día por año intento reunir a todos en mi organización. Eso era fácil en los inicios de la historia de INJOY. Cuando fundamos la empresa en 1985, Dick Peterson, quien ahora es COO de la compañía, y yo nos reuníamos en cualquier momento con su suegra Erma (nuestra única empleada) y los cuatro o cinco voluntarios que nos ayudaban (dos de los cuales eran nuestras esposas). Aun diez años después seguíamos siendo un equipo muy pequeño. Toda la empresa se podía reunir alrededor de una gran mesa de conferencias.

Hoy día las cosas son diferentes. Ahora tenemos que alquilar un salón para alojar a todos nuestros empleados, pero aun así nos esforzamos para reunirnos. Es más, para nosotros eso es ahora más importante que antes. Debido a nuestro tamaño y la diversidad de las operaciones, las personas de nuestro equipo tienen la tendencia de desconectarse entre sí. Para los líderes de la organización cada vez es mayor la dificultad de mantener una conexión personal entre todos.

LA DEFINICIÓN DEL EQUIPO

Quizás usted ha experimentado la desconexión que a menudo acompaña al rápido crecimiento de una organización. De acuerdo, con poco más de doscientos empleados, la nuestra no es una compañía grande, pero es lo suficientemente grande para experimentar los dolores del crecimiento. Antes el equipo se definía totalmente por medio de relaciones y ahora es necesario algo más para mantenerlo unido. Allí es donde entra en juego la Ley de la Identidad: *Los valores compartidos definen al equipo.* Aunque algunos miembros de un equipo no comparten experiencias comunes o no tienen relaciones personales mutuas, poseen sin embargo una coherencia que define la magnitud del equipo. Lo que se necesita es una visión común (la Ley de la Brújula) y compartir los valores.

> *Los valores organizacionales influyen y guían el comportamiento del equipo del mismo modo en que los valores personales influyen y guían el comportamiento de un individuo.*

Si todos adoptan los mismos valores, los miembros del equipo pueden incluso tener una conexión de unos con otros y con el equipo mayor.

Hemos visto equipos que tienen una meta común pero que les faltan valores comunes. Cada uno en el equipo tiene diferentes ideas acerca de lo que es importante. El resultado es el caos. Finalmente el equipo se viene abajo si todos intentan hacer las cosas a su manera. Por eso los equipos deben estar en la misma página. Los valores organizacionales influyen y guían el comportamiento del equipo del mismo modo en que los valores personales influyen y guían el comportamiento de un individuo.

El valor de los valores

Dé una mirada a cómo los valores pueden ayudar a un equipo a estar más conectado y ser más eficaz. Los valores compartidos pueden ser como:

Un pegamento

Cuando llegan tiempos difíciles (lo que ocurre en todos los equipos) los valores son los que mantienen unidas a las personas. Observe el matrimonio, por ejemplo. Para una pareja es fácil permanecer junta cuando sus miembros sienten el arrebato del amor y todo va de maravillas. Pero finalmente la pasión que los atraía pierde intensidad y llega la adversidad. ¿Qué mantiene juntas a las personas que permanecen casadas? Sus valores. Estos son más importantes que sus sentimientos. Valoran su matrimonio de modo tan alto que están dispuestas a luchar *por* la relación. Si una pareja no tiene ese modo de pensar al casarse, sus posibilidades de mantenerse juntos son muy escasas.

Lo mismo se aplica a cualquier otra clase de equipo. Si los jugadores no saben cuáles son sus valores, y no los viven, son muy pocas sus posibilidades de trabajar como una unidad y de alcanzar su potencial.

Un fundamento

Todo equipo necesita estabilidad para actuar bien y para crecer. Los valores proveen un fundamento estable que hace posible estas cosas. Esto es cierto para que cualquier clase de relación crezca. Por ejemplo, si usted está tratando de forjar una relación con alguien de otra cultura, comienza por buscar las cosas que tienen en común. Si usted intenta hacer una venta a un cliente nuevo, busca asuntos comunes. Lo mismo ocurre cuando se trata de levantar un equipo. Usted necesita algo sobre qué construir, y los valores fortifican el fundamento.

Una regla

Los valores también ayudan a establecer la norma para el desempeño de un equipo. Esos valores se expresan a menudo en el mundo corporativo como una declaración de misión o el establecimiento de pautas para realizar negocios. Pero a veces los valores establecidos de una compañía no se corresponden con sus valores reales.

> *Los valores ayudan a establecer la norma para el desempeño de un equipo.*

El escritor y experto en administración Ken Blanchard dice: «Muchas empresas afirman tener un grupo de valores centrales, pero lo que tienen es una lista de creencias comerciales genéricas con las que todo el mundo podría concordar, tales como tener integridad, lograr beneficios y corresponder a los clientes. Tales valores significan algo solamente cuando se definen posteriormente en términos de cómo se comportan en realidad las personas y cuando se clasifican para revelar prioridades». Funcionan además como una medida de expectativas y desempeño cuando se les adopta verdaderamente.

Una brújula

¿Recuerda usted la serie de televisión *Dallas* de la década de los ochenta? El personaje principal era J. R. Ewing, un hombre de negocios notablemente deshonesto. El código de vida de su personaje se puede resumir por algo que dijo en un episodio de la serie: «Una vez que usted renuncia a su moral, el resto es pan comido». Para una persona sin valores todo es válido.

Creo que vivimos en una época en que las personas están buscando normas por las cuales vivir. Cuando los individuos adoptan valores firmes, obtienen una brújula moral que les ayuda a tomar decisiones. Lo mismo se aplica a las personas de una organización. Cuando el equipo identifica y adopta una serie de valores, entonces en un mes, un año, o una década, no importa cuánto cambien las circunstancias o qué clases de desafíos enfrenten, las personas que lo integran sabrán aún que están yendo en la dirección correcta y tomando decisiones acertadas.

Un imán

Los valores de un equipo atraen a él las personas con iguales valores. Piense en algunos de los equipos que hemos examinado en capítulos anteriores. ¿Qué clase de personas atrae Hábitat para la Humanidad? Personas que desean ver eliminadas las viviendas que no cumplen con los requisitos de habitabilidad. ¿Qué clase de individuos atrae Enron? Personas que valoran la innovación y la flexibilidad organizativa.

En *Las 21 leyes irrefutables del liderazgo*, la Ley del Magnetismo afirma: «Usted atrae a quien es como usted». Esta ley es tan cierta para equipos como para líderes. Las personas atraen a otras del mismo sentir.

Una identidad

Los valores definen al equipo y le dan una identidad única; tanto para sus miembros, sus socios potenciales, sus clientes, como para el público. Sus creencias identifican quién es usted.

LOS VALORES Y EL GRUPO INJOY

Cuando reuní a todos los empleados del Grupo INJOY este año para nuestra sesión anual quise resaltar nuestros valores. Creo que los miembros de nuestro equipo los ven en acción todos los días, pero quise dar a cada persona un lenguaje común para esos valores a fin de ayudar a asegurar nuestro alineamiento con ellos. Para hacerlo les di una lección sobre esos valores.

La comunicación de los valores del equipo es el lugar en que empieza la Ley de la Identidad. Un equipo no puede compartir valores si dichos valores no se han compartido con el equipo. Permítame comunicarle los seis valores centrales que enseñé al Grupo INJOY, para que capte lo que quiero decir.

1. El crecimiento personal de cada miembro del equipo

Creo firmemente en el potencial. Todos los días trabajo en desarrollar el mío, y animo a todos en mi esfera de influencia a hacer lo mismo. ¿Cómo trabajan las personas para desarrollar su potencial? Empiezan por hacer del crecimiento personal una prioridad.

El crecimiento personal ha sido un tema importante en mi vida. Cuando yo era niño, mi padre solía pagarnos a mis hermanos y a mí para que leyéramos libros que nos ayudarían a ser mejores. También nos enviaba a conferencias. Leer libros, escuchar casetes instructivos y asistir a conferencias se convirtió en una práctica para mí mientras crecía. Después, cuando buscaba la clave para el crecimiento organizacional, descubrí otra razón para promover el crecimiento personal, porque me di cuenta de que la manera de que crezca cualquier organización es que crezcan las personas que la integran.

> Un equipo no puede compartir valores si dichos valores no se han compartido con el equipo.

Para promover el crecimiento personal en mi organización, animamos a los miembros a pertenecer a grupos guías. También los enviamos a nuestros propios congresos y a otras clases de capacitación. Les damos libros, casetes y otras herramientas de crecimiento personal. Personalmente paso tiempo todos los meses guiando y desarrollando a los líderes máximos de la organización. Cuando descubrimos, o un empleado descubre, que la persona podría prosperar en un cargo distinto o en otra división de la compañía, la animamos a explorar nuevas posibilidades y a realizar un cambio. Usted no puede impedir el crecimiento de sus empleados y esperar que así crezca su organización.

2. La prioridad de agregar valor a otros

El Grupo INJOY existe para agregar valor a las personas. Esa es nuestra misión principal. Primero lo hacemos con los miembros de nuestra organización; pero también lo hacemos por nuestros clientes. Por eso es que desarrollamos y proveemos consultoría, capacitación y recursos a organizaciones e individuos en todo el país y el mundo. El día que no podamos agregar valor a las personas será el día en que cerremos nuestras puertas.

3. El poder de la asociación

Una de mis citas favoritas viene de la Madre Teresa. Ella observó: «Puedes hacer lo que no puedo. Puedo hacer lo que no puedes. Juntos podemos hacer grandes cosas». Esa es una gran manera de describir la asociación.

Me llevó casi cuarenta años descubrir que no puedo hacer todo. (Usted quizás lo aprendió antes que yo; ¡mi excesiva energía, el bajo coeficiente intelectual y el inagotable optimismo se llevaron lo mejor de mí por años!) Así es que comprendí el poder de la asociación. Con los años nuestra organización ha aprendido más y más acerca de trabajar con otros. Ahora preferimos lograr nuestra misión por medio de la asociación. A Dave Sutherland, el ejecutivo en jefe del Grupo INJOY, le gusta recordar a todos que «la asociación

> «Puedes hacer lo que no puedo. Puedo hacer lo que no puedes. Juntos podemos hacer grandes cosas».
>
> —MADRE TERESA

empieza en el momento en que los líderes comprenden que les agregamos valor, y termina cuando se logra su visión».

En los últimos años, hemos extendido nuestra asociación para incluir alianzas estratégicas con otras organizaciones. Tales clases de sociedades han capacitado al Grupo INJOY para entrenar a miles de líderes en casi una docena de naciones en todo el mundo y para obsequiar decenas de miles de libros cada año a individuos en países en desarrollo.

He desarrollado un acróstico que describe lo que la asociación significa para mí. Como su socio [«partner» en inglés] le prometemos:

Poner primero sus necesidades en toda situación.

Agregar valor a su liderazgo personal.

Reconocer que servimos a un propósito común.

Tallar nuestros servicios para suplir su necesidad.

No dar por sentada la confianza puesta en nosotros.

Expresar excelencia en todo lo que hacemos.

Respetar la individualidad de todo el mundo.

Si podemos recordar esto como individuos y como organización, podemos ser buenos socios.

4. La práctica de levantar y desarrollar líderes

En el liderazgo todo surge y todo cae. Por eso es que he dedicado los últimos veinte años de mi vida a enseñar a liderar. También es la razón de que pase mucho tiempo descubriendo y desarrollando líderes. La manera más grandiosa de impactar una organización es enfocarse en el desarrollo del liderazgo. Si usted contrata buenas personas, las levanta como líderes y las desarrolla continuamente, casi no tendrá límites para el potencial de su organización.

5. La administración adecuada de la organización

Cualquier organización que desee continuar cumpliendo su misión debe aprender a administrar sus recursos. En nuestra compañía lo hacemos de tres maneras principales: administrando nuestros bienes para obtener lo mejor de ellos, colocando estratégicamente a nuestra gente para que puedan dar y recibir lo más posible, y entregándonos a causas dignas de valor. Si podemos hacer estas tres cosas, entonces estamos maximizando el uso de todos los recursos que tenemos.

> La manera más grandiosa de impactar una organización es enfocarse en el desarrollo del liderazgo.

6. El propósito de glorificar a Dios

El Grupo INJOY es una organización constituida principalmente por cristianos, y nuestras raíces están en ayudar a iglesias y pastores a alcanzar su potencial. Debido a nuestra herencia y a nuestras firmes convicciones creemos que todo lo que hacemos debe honrar a Dios.

Indudablemente los valores de su organización serán diferentes de los nuestros. Así es como debe ser. Sus valores deben ser el reflejo de las personas del equipo y su líder. Lo importante es que usted pase a través del proceso de descubrir y adoptar los valores del equipo. Una vez hecho eso, comprenderá mejor a su equipo, su misión y su potencial. No olvide que *los valores compartidos definen al equipo*. Esa es la Ley de la Identidad.

Los valores añaden valor a su equipo

Si usted en realidad nunca ha pensado en cómo los valores del equipo pueden revelar la identidad del mismo e incrementar su potencial, pase con su equipo por el siguiente proceso:

- *Exprese los valores.* Pase algún tiempo de reflexión o reúna un grupo de miembros claves del equipo para expresar los valores del mismo. Luego póngalos por escrito.

- *Compare valores con prácticas.* Luego pase algún tiempo observando al equipo en acción. Usted desea asegurarse de que los valores que identifica corresponden a los que se están viviendo. La energía y la eficacia del equipo aumentan cuando se alinean los valores expuestos y la conducta de sus miembros. Pero el equipo sufrirá si los valores no están alineados.

- *Enseñe los valores.* Una vez que usted haya establecido los valores correctos, debe enseñarlos a todos en el equipo. Hágalo de manera clara, creativa y continua.

- *Practique los valores.* Los valores no tienen valor alguno si no se ponen en práctica. Si usted descubre compañeros de equipo cuyas acciones no se corresponden con los valores del grupo, ayúdelos a hacer los cambios necesarios para alinearlos con el resto del equipo.

- *Institucionalice los valores.* Entreteja los valores del equipo dentro de la estructura del equipo. Por ejemplo, mi amigo Bill Hybels, pastor principal de la Iglesia de la Comunidad de Willow Creek, identifica «comunidad» como uno de los valores centrales de su iglesia. Para ayudar a reforzar ese valor dedican el primer tercio de toda reunión, ya sea de su personal, de ancianos o de la junta, a construir y mantener las relaciones personales entre los miembros de ese grupo.

- *Alabe públicamente los valores.* La verdad más grande en administración que he oído es que se hace lo que produce recompensa. Si usted alaba y honra a los individuos que personifican los valores del equipo, otros de sus miembros adoptarán y apoyarán aquellos valores. No existe mejor refuerzo.

Si usted es el líder de su equipo, es muy importante que lo haga pasar a través de este proceso, porque si no trabaja en ayudar a que el equipo adopte los valores que usted sabe que son importantes, los miembros del grupo crearán una identidad de su elección. Para bien o para mal, los valores de las personas más influyentes en el equipo se convertirán en los valores del mismo. Sin embargo, si usted implementa cada uno de los pasos que explico en resumen anteriormente, y continúa repitiéndolos con el tiempo, descubrirá que comenzará a cambiar el ambiente de su organización, y su personal empezará a adoptar una nueva identidad que usted les ayuda a descubrir. Una vez que desarrollen una identidad común de equipo trabajarán mejor juntos, aun cuando la organización crezca y cambie.

> La verdad más grande en administración que he oído es que se hace lo que produce recompensa.

NADA COMO EL HOGAR

Cuando me mudé a Atlanta, llegué a familiarizarme con una organización que ha desarrollado su propia identidad única y promueve un firme deseo de trabajo en equipo a pesar de ser una empresa enorme. Se trata de Home Depot.

Pues bien, no acostumbro hacer pequeños trabajos caseros. ¿Qué es lo opuesto de hábil? ¿Torpe? ¿Inútil manualmente? Cualquier cosa que sea, ese soy yo. Pero otra cosa es mi hijo, Joel Porter. Él nunca conoció una herramienta que no le gustara, y si algo se puede arreglar él inventará la manera de hacerlo. Cuando tenía trece años le dejamos formar un taller en un cuarto adyacente a nuestro garaje. Puso un banco de trabajo, instaló el mobiliario e hizo instalaciones eléctricas. ¡Un constructor amigo nuestro nos dijo que Joel había puesto tanta electricidad en ese pequeño cuarto como para iluminar toda una casa!

Cuando llegamos a Atlanta, Joel se consiguió un trabajo en Home Depot, y no podía estar más feliz. Todos los días llegaba a casa y nos hablaba de la compañía, de qué hizo ese día y de los valores que la empresa atesoraba.

Intrigado, me dediqué a hacer averiguaciones por mi cuenta. Descubrí que la compañía fue fundada por Bernie Marcus y Arthur Blank. Ellos abrieron su primera tienda en Atlanta en junio de 1979, después de ser despedidos, catorce meses antes, de Handy Dan, una cadena de tiendas dedicadas a mejoras en las viviendas localizada en la parte occidental de Estados Unidos. Marcus, un hombre con gran experiencia en ventas al por menor y talento de líder, había tenido por años una visión de una cadena nacional de enormes tiendas donde uno pudiera adquirir cualquier artículo para mejoras en el hogar. Su idea era ofrecer la más variada selección de productos al menor precio y con el mejor servicio posible al cliente.

NACE HOME DEPOT

Hacer despegar a la compañía no era fácil, pero Marcus y Blank continuaron insistiendo, extendían lentamente el negocio, abrían más tiendas y atraían personas de primera clase. Marcus dijo:

«Solo somos tan buenos como nuestra gente, especialmente los hombres y las mujeres que trabajan todos los días en nuestras tiendas … Por eso creemos que un modo seguro de que esta empresa crezca es declarar con claridad nuestros valores e inculcarlos en nuestros asociados.»[1]

Los líderes adecuados con los valores correctos han atraído a la gente adecuada para hacer de la compañía un éxito total. En 1979 empezaron con cuatro tiendas. En 1999 Home Depot tenía 775 tiendas, 160,000 empleados y ventas anuales por 38,400 millones de dólares.[2]

Los valores son realmente el corazón del éxito de Home Depot. Marcus explica:

En los veinte años anteriores nuestro fundamento ha sido una serie de ocho valores. Aunque no se escribieron hasta 1995, estos valores (el fundamento para la manera en que se maneja la empresa) nos permitieron explorar el panorama estadounidense y serán el vehículo para alcanzar nuestras metas ambiciosas en el mercado internacional …

- *Excelente servicio al cliente.* Hacer lo que sea necesario para conseguir la lealtad del cliente.

- *Cuidar a nuestro personal.* Esta es la razón más importante para el éxito de The Home Depot.

- *Desarrollar un espíritu empresarial.* Creemos que nuestra estructura organizativa es una pirámide invertida: las tiendas y los clientes están en la cumbre y la administración principal en el fondo.

- *Respeto por todas las personas.* En todas partes hay individuos buenos y talentosos, y no nos podemos dar el lujo de hacer caso omiso de alguna fuente de personas buenas.

- *Forjar firmes relaciones con socios, clientes, vendedores y comunidades.*

- *Hacer lo correcto, no solo hacer buenas cosas.*

- *Restituir a nuestra comunidad como parte integral de hacer negocios.*

- *Devolución a accionistas.* Los inversionistas de The Home Depot se beneficiarán del dinero que nos han entregado para desarrollar nuestro negocio.[3]

Esos valores han hecho de la compañía un gran lugar de trabajo para las personas. Por ejemplo, desde el día en que Home Depot abrió ha ofrecido acciones a los empleados en vez de bonos. ¡Esa clase de trato ha hecho millonarios a más de mil de sus empleados!

Joel Porter no hace mucho dejó su empleo en Home Depot. Ahora trabaja para el Grupo INJOY en una capacidad técnica como nuestro gerente de producción. Sin embargo, su corazón siempre está con Home Depot. ¿Por qué? Porque la compañía tiene una identidad que él respeta. *Esta ha compartido valores, y esos valores compartidos definen al equipo.* Esa es la influencia que Home Depot ejerció en él, y esa es la influencia que la Ley de la Identidad puede tener en usted y en su equipo.

PENSAMIENTO DEL EQUIPO DE TRABAJO

Si sus valores son iguales a los del equipo,
usted se vuelve más valioso para el equipo.

Cómo ser un mejor miembro del equipo

Si usted desea agregar valor a su equipo y ayudarlo a alcanzar su potencial, debe entonces compartir sus valores. Asegúrese primero de saber cuáles son. Luego examine sus propios valores y metas en comparación con estos. Si usted puede participar incondicionalmente de los valores del equipo, comprométase a alinearse con esos valores. Si no puede, entonces su falta de alineamiento será una fuente constante de frustración para usted y sus compañeros de equipo. Hasta podría buscar y encontrar un equipo diferente.

Cómo ser un mejor líder del equipo

Como líder de una organización usted tiene gran responsabilidad cuando se trata de los valores del equipo. He aquí mis recomendaciones para su proceder:

- Conozca los valores que el equipo debe adoptar.

- Viva primero usted esos valores.

- Comuníqueselos al equipo.

- Consiga la asimilación de los valores por medio de la conducta alineada entre compañeros de equipo.

Recuerde que el proceso lleva tiempo. Lograr que su gente participe puede ser sumamente difícil. Pero mientras mejor sea usted como líder, ellos más rápidamente lo aceptarán. Además, mientras más rápido lo acepten, más rápidamente aceptarán los valores que usted les comunica. (Para explorar este concepto de liderazgo con más profundidad, lea «La Ley del Apoyo» en *Las 21 leyes irrefutables del liderazgo.)*

$$\boxed{14}$$

LA LEY DE LA COMUNICACIÓN

La interacción aviva la acción

Continental Airlines era un desastre cuando Gordon Bethune asumió la dirección en 1994. Había sufrido diez cambios de liderazgo en diez años. Dos veces había pasado por procedimientos de bancarrota. Sus acciones tenían un lastimoso valor de $3.25 cada una. No hubo utilidades en una década. Los clientes se estaban alejando en grandes cantidades y los que usaban los servicios de Continental casi nunca estaban satisfechos porque, en palabras de Bethune, sus aviones «iban y venían como se les antojaba» sin previo aviso. ¡Eso no es lo que viajeros de negocios y turistas buscan en una línea aérea!

ÉPOCAS DE ENSAYO PARA EL EQUIPO

En su libro *From Worst to First* [Del peor al primero], Bethune describió el estado de Continental cuando él llegó:

> Continental era, antes de 1994, sencillamente la peor entre las diez líneas aéreas más grandes de la nación ... Por ejemplo, el Ministerio de Transporte mide las diez mejores líneas

aéreas en porcentaje de llegadas a tiempo ... *Continental estaba exactamente en el último lugar.* Mide la cantidad de informes de extravíos de equipaje por cada mil pasajeros. *Continental era la peor.* Mide la cantidad de quejas recibidas por cada cien mil pasajeros en cada línea aérea. *Continental era la que más recibía.* Eso no es todo: *Continental obtuvo en 1994 casi el triple de quejas que el promedio en la industria y 30% más de quejas que la* novena línea aérea, la segunda en pésimo servicio. Estábamos realmente enterrados en el último puesto en esa categoría ... No solamente éramos la peor de las grandes líneas aéreas. *Éramos lo peor de lo peor.*[1]

Cuando una compañía está así de mal, los empleados no logran ayudar pero se afectan. El estado de ánimo en Continental era desastroso. La cooperación no existía. La comunicación era escasa todo el tiempo. A los empleados se les había estado mintiendo con tanta frecuencia y descaro que no creían nada de lo que se les decía. Según Bethune, habían aprendido una estrategia de supervivencia: Esconderse. «A eso fue a lo que me uní en 1994», comentó Bethune, «una compañía con un producto pésimo, empleados iracundos, bajos salarios, una historia de administración ineficaz, y, como pronto supe, una bancarrota incipiente (nuestra tercera), que posiblemente nos mataría».[2]

EL INTENTO DE HACER VOLVER AL EQUIPO

La meta de Bethune era salvar Continental, pero sabía que para hacerlo era necesario cambiar la estructura de la empresa. La clave iba a ser la comunicación. Él sabía que la interacción positiva podría cambiar completamente a la aerolínea. Si lograba ganar la batalla de la comunicación, haría que los empleados volvieran a trabajar unidos por el bien del equipo, de los clientes y de los accionistas.

El primer paso de Bethune fue abrir las oficinas ejecutivas al resto del equipo. Cuando comenzó a trabajar para Continental, la suite del vigésimo piso en Houston que ocupaba la dirigencia máxima parecía una fortaleza. Sus puertas se mantenían cerradas, el área era vigilada por muchas cámaras de seguridad, y nadie podía entrar al área sin una adecuada identificación. El sitio no era exactamente acogedor. Para acabar con el factor de intimidación entre el liderazgo y el resto del equipo, Bethune literalmente abrió las puertas y ofreció mantenerlas abiertas para los empleados.

Lo siguiente que hizo Bethune fue tratar de acabar con la antigua burocracia que se había desarrollado con el paso de los años. Las reglas y los manuales habían tomado en Continental el lugar de la comunicación y el uso del juicio. El síntoma principal de ese modo de pensar era el libro de reglas para empleados, de veintitrés centímetros de grosor, que se había llegado a conocer como el «libro de las prohibiciones». Era tan detallado que establecía hasta el color del lápiz que un agente debía usar en una tarjeta de embarque. En un gesto significativo el principal ejecutivo en jefe Bethune, y el presidente de Continental Greg Brenneman, reunieron a los empleados en el estacionamiento, tiraron el manual en un basurero, lo rociaron con gasolina y lo quemaron.[3] El mensaje era claro. Todo en Continental iba a cambiar.

AMBIENTE DE COMUNICACIÓN

Continental no cambió de la noche a la mañana. Es más, los empleados se mostraron escépticos cuando Bethune y Brenneman expusieron su «plan de juego». Sin embargo, los líderes se mantuvieron reuniéndose con los demás, se comprometieron a ser sinceros con ellos y conservaron la paciencia. Si las noticias eran buenas, se las contaban a todos. Si eran malas, también las contaban. En todas las áreas de empleados colocaron tableros de anuncios que mostraban dos cosas: 1) sus evaluaciones del último año según las pautas que dictaba el Ministerio de Transporte; y 2) noticias diarias actualizadas de la compañía. Crearon un correo sonoro semanal de mensajes para todos en el equipo. También pusieron muchas comunicaciones por escrito, usando un boletín informativo mensual para los empleados llamado *Continental Times* y *Continental Trimestral,* el cual se enviaba por correo a los hogares de todos los empleados. Colocaron anuncios electrónicos tipo LED en cada máquina de café y de refrescos. Hasta contrataron líneas telefónicas directas 1-800 para preguntas e información, a las que cualquier empleado podía tener acceso desde cualquier parte del mundo.

Una empresa que se había caracterizado por la desconfianza y la falta de cooperación ha llegado a ser un lugar donde la comunicación es convincente. La política de comunicación de Bethune es sencilla: «Lo diremos, a menos que decirlo sea peligroso o ilegal».[4] Tardó tiempo, pero finalmente la compañía comenzó a cambiar. Los empleados empezaron a confiar en sus líderes. Comenzaron a trabajar unos con otros y a confiar entre ellos. Por primera vez en más de una década los empleados de Continental comenzaron a trabajar como un equipo.

Hoy día el servicio de Continental está entre los mejores en su industria. La moral de los empleados es óptima. Y la compañía es rentable. En 1994, el año en que Bethune tomó el mando, la empresa *perdió* $204 millones. En 1995 tuvo *utilidades* por $202 millones, que al año siguiente se duplicaron. Con el informe de abril del 2001 son veinticuatro los trimestres consecutivos de utilidades que Continental ha mostrado; esto es asombroso en una industria en que muchos de sus competidores luchan

> *La política de comunicación de Bethune es: «Lo diremos, a menos que decirlo sea peligroso o ilegal».*

para mantenerse en saldo positivo. Las acciones de la compañía se han dividido dos veces y el valor de cada participación vale más de diez veces lo que valía en 1994.

¿QUÉ HAY EN UNA PALABRA?

La comunicación no es la única razón del éxito de Continental. Pero sin buena comunicación es probable que la compañía habría continuado en piloto automático hacia su tercera (y definitiva) bancarrota. Se necesita comunicación para crear cambios positivos en una organización. *La interacción anima la acción*. Ese es el poder de la Ley de la Comunicación.

Un equipo solo puede triunfar con buena comunicación, no importa que se trate de una familia, una empresa, un ministerio o un club de pelota. Los equipos eficaces tienen compañeros que están constantemente hablando unos con otros. La comunicación incrementa el compromiso y la conexión, lo que a su vez genera acción. De modo irónico, si usted quiere que su equipo *se desempeñe* en el nivel más alto, las personas que lo integran deben saber hablar y escuchar mutuamente.

> *Los equipos eficaces tienen compañeros que están constantemente hablando unos con otros.*

ASUNTOS DE COMUNICACIÓN

Las consecuencias de que las personas no se comuniquen eficazmente pueden ser a menudo cómicas. Hace años me encontré la siguiente ilustración que explica lo que quiero decir. Es un resumen de una serie de memorándums en un recinto universitario:

Presidente al vicepresidente académico: El próximo jueves aparecerá el cometa Halley sobre esta región. Este es un acontecimiento que solo ocurre una vez cada setenta y cinco años. Llame a los líderes de división para que reúnan a sus profesores y alumnos en el campo atlético, y explíquenles este fenómeno. Si llueve, entonces cancele la observación y reúna a las clases en el gimnasio para ver una película acerca del cometa.

Vicepresidente académico al jefe de división: Por orden del presidente, el próximo jueves aparecerá el cometa Halley sobre el campo atlético. Si llueve, entonces cancele las clases y preséntese en el gimnasio con sus profesores y alumnos donde se mostrarán películas, un acontecimiento fenomenal que ocurre solo una vez cada setenta y cinco años.

Jefe de división a profesores: Por orden del fenomenal presidente, el próximo jueves aparecerá el cometa Halley en el gimnasio. En caso de lluvia sobre el campo atlético el presidente dará otra orden, algo que ocurre cada setenta y cinco años.

Profesor a estudiantes: El próximo jueves el presidente aparecerá en nuestro gimnasio con el cometa Halley, algo que ocurre cada setenta y cinco años. Si llueve, el presidente cancelará el cometa y nos ordenará salir a nuestro fenomenal campo atlético.

Nota de un estudiante a sus padres: Cuando llueva el próximo jueves sobre el campo atlético del instituto, el fenomenal presidente de setenta y cinco años de edad cancelará todas las clases y aparecerá en el gimnasio ante toda la universidad acompañado de Bill Halley y los cometas.

Scott Adams, creador de la tira cómica Dilbert, describió con maestría una organización donde todos se esfuerzan al máximo para debilitar la comunicación. El jefe envía a un empleado a trabajar durante un año en un proyecto que ha sido cancelado, entonces más adelante degrada a la persona por perder mucho tiempo. Los miembros del departamento de mercadeo inventan continuamente productos descabellados y los promocionan al público; luego piden a los ingenieros que los produzcan en un horario imposible. Mientras más altos son sus cargos en la organización, más despistados son. Se castiga a los pensadores, se recompensa a los perezosos y toda decisión es arbitraria. La tira cómica es divertidísima. Lo triste es que muchos trabajadores estadounidenses se identifican con ella.

Si alguna vez usted ha estado en un equipo donde sus compañeros no permiten a los demás saber lo que está pasando, entonces sabe cuán frustrante puede ser la mala comunicación. El equipo se estanca porque nadie sabe cuál es el programa verdadero. Tareas importantes quedan inconclusas porque cada uno de dos miembros del equipo cree que el otro es el encargado de hacerlas, o porque las personas duplican el trabajo de los demás. Departamentos dentro de la organización pelean porque cada uno cree que el otro lo está saboteando.

Richard Wellins, William Byham y Jeanne Wilson afirman en su libro *Empowered Teams* [Equipos con carta blanca]: «La comunicación se refiere al estilo y extensión de las interacciones, tanto entre los miembros como entre los miembros y los que están fuera del equipo. También se refiere a la manera en que los miembros manejan conflictos, toman decisiones e interaccionan a diario».

Un panorama distinto de la comunicación

Uno de los mejores ejemplos de la complejidad (y la importancia) de la buena comunicación se puede observar en un equipo profesional de fútbol americano en el medio minuto que antecede a una jugada. Cuando termina una jugada, el equipo ofensivo debe estar listo en solo cuarenta segundos para la siguiente. En ese tiempo, el mariscal de campo decide primero si hay suficiente tiempo para que el equipo se agrupe. Si hay tiempo, los reúne y les da la jugada. Si no lo hay, entonces comunica que llamará al jugador usando una clase de código en la línea de contacto.

Para muchas jugadas en el nivel profesional, el equipo se alinea con los jugadores en una formación y luego rotan antes de la jugada para intentar confundir a la defensa. Si el tiempo es poco, el mariscal de campo comunica a los jugadores que deben saltar esos pasos extras y simplemente alinearse en la formación que se utilizará para hacer la jugada.

Cuando los once jugadores ofensivos se acercan a la línea, cada uno está haciendo dos cosas: evaluando lo que está haciendo la defensa y poniendo atención a sus compañeros en busca de claves de comunicación. Los jugadores de la ofensiva/defensiva que bloquean ponen atención a la clase de jugadores que tiene el otro equipo en el juego y dónde se han situado. El centro, quien pasa el balón al mariscal de campo, es generalmente responsable de hacer intervenir a sus compañeros en el plan de bloqueo basado en la defensa.

Mientras tanto el mariscal de campo también evalúa a la defensa. Si cree que la jugada seleccionada podría fallar contra la defensa, es probable que use algunas palabras para decidir una jugada alterna en la línea de contacto. Si la defensa está alineada de tal manera que la jugada original ha de funcionar, pero el plan de bloqueo de los zagueros detrás de él hace parecer que fallará, entonces quizás cambie su labor de bloqueo.

Al mismo tiempo el mariscal de campo, los zagueros y los receptores están observando a la defensa para ver si están a punto de hacer algo extraño, como enviar jugadores extras tras el mariscal de campo para hacerle una entrada en una carga. Si esos jugadores ofensivos ven que se aproxima una carga, entonces, sin decir palabra, los receptores y los zagueros cambian sus asignaciones hacia un «plan B» predeterminado para esa jugada, y esperan que todos en el equipo hagan la misma evaluación.

El fútbol americano es un deporte sumamente complejo. El observador casual no tiene idea de cuánta comunicación se utiliza antes de cada jugada. A veces esta comunicación es sutil. Los jugadores pronuncian cosas en código. Usan señales con las manos. Un jugador podría simplemente señalar y comunicar mucha información a un compañero de equipo. Y a veces un mariscal de campo y un receptor comunican suficiente información, con solo una mirada, para hacer posible que anoten en la jugada.

La comunicación en su equipo

La comunicación en su equipo quizás no se parezca a lo que sucede en un campo de fútbol americano. Sin embargo, el éxito de su equipo y la capacidad de sus miembros de trabajar juntos dependen en gran manera de una buena comunicación. Déjeme darle algunas pautas que ayudarán a su equipo a mejorar en esta área. Todo equipo debe aprender a desarrollar buena comunicación en cuatro áreas:

1. Del líder a los compañeros de equipo

John W. Gardner observó: «Si he de nombrar un solo instrumento multiuso de liderazgo, ese es la comunicación». Si usted está familiarizado con alguno de mis libros sobre el liderazgo, entonces conoce mi creencia acerca de que todo surge y todo cae en el liderazgo. Lo que no he mencionado antes es que ese

> «Si he de nombrar un solo instrumento multiuso de liderazgo, ese es la comunicación».
>
> —JOHN W. GARDNER

liderazgo surge y cae con la comunicación. Si usted no puede comunicarse, no dirigirá con eficacia a otros.

Si usted dirige su equipo, obséquiese tres normas para vivirlas mientras se comunica con su gente:

- *Sea coherente.* Nada frustra más a los miembros del equipo que los líderes no logren organizar sus mentes. Una de las cosas que ganó el equipo de Gordon Bethune fue la coherencia en su comunicación. Sus empleados siempre sabían que podían depender de él y de lo que les hablaba.

- *Sea claro.* Su equipo no puede obrar si no sabe lo que usted quiere. No intente deslumbrar a nadie con su inteligencia; impresiónelos con su simple franqueza.

- *Sea cortés.* Todos merecen que se les muestre respeto, no importa cuál sea la posición de ellos o qué clase de historia tenga usted con ellos. Usted establece un tono para toda la organización si es amable con su personal.

No olvide que como líder, su comunicación pone el tono para la interacción entre su gente. Los equipos siempre reflejan a sus líderes. Pero no olvide que la buena comunicación no es de una sola vía. No debe ser de arriba hacia abajo o dictatorial. Los buenos líderes escuchan, invitan y luego animan a participar.

2. *De los compañeros de equipo al líder*

Los buenos líderes de equipo no quieren hombres o mujeres que digan sí a todo. Buscan una comunicación sincera y directa de su gente. Incluso el autocrático magnate del cine Sam Goldwyn bromeó: «Quiero que mi gente diga lo que piensa y sea sincera, aunque esto les cueste el empleo».

Siempre he animado a las personas de mi equipo a hablar franca y directamente conmigo. En nuestras reuniones a menudo nos devanamos los sesos hasta que gana la mejor idea. Con frecuencia los comentarios y observaciones de uno de los miembros de un equipo ayudan realmente al grupo. A veces no estamos de acuerdo. Eso está bien porque hemos desarrollado relaciones lo suficientemente firmes como para sobrevivir a los conflictos. Presentar toda proposición siempre mejora al equipo. Lo único que no quiero escuchar de un compañero de trabajo es: «Te pude haber dicho que eso no resultaría». Si usted lo sabe de antemano, es el momento de manifestarlo.

Además de la franqueza, la otra cualidad que los miembros del equipo deben mostrar cuando se comunican con sus líderes es el respeto. No es fácil dirigir un equipo. Se necesita mucho esfuerzo. Exige sacrificio personal. Requiere tomar decisiones difíciles y a veces impopulares. Debemos respetar a la persona que ha decidido tomar esa responsabilidad, y también debemos mostrarle lealtad.

3. Entre compañeros de equipo

Charlie Brower comentó: «Pocos individuos triunfan a menos que muchos otros quieran que triunfen». Para que un equipo experimente el éxito, todos sus miembros deben comunicarse por el bien común. Eso significa que han de:

- *Apoyar:* El ex jugador de la NBA Earvin «Magic» Johnson se refiere al apoyo parafraseando al presidente John F. Kennedy: «No preguntes qué pueden hacer tus compañeros de equipo por ti. Pregunta qué puedes hacer por ellos». Un equipo llega a un nivel totalmente nuevo cuando la comunicación se enfoca más en dar que en recibir.

- *Estar actualizados:* Los compañeros de equipo que repiten antiguos problemas y continuamente abren viejas heridas, no trabajan unidos. Y si no trabajan unidos, se hunden. Babe Ruth comentó: «Usted podría tener el grupo de estrellas más grandioso del mundo, pero si no juegan unidos, el club no valdrá un centavo».

- *Ser vulnerables:* Los equipos son como las pequeñas comunidades, que se desarrollan solo cuando las personas no adoptan poses entre sí. El psiquiatra M. Scott Peck observa en su libro *The Different Drum* [El repiqueteo diferente]: «Si hemos de utilizar significativamente la palabra comunidad, debemos restringirla a un grupo de individuos que han aprendido a comunicarse sinceramente unos con otros, y cuyas relaciones se profundizan más que sus máscaras de compostura».

Los equipos triunfan o fracasan basados en la manera en que sus miembros se comunican entre sí. Así lo expresó Martin Luther King, hijo: «Debemos aprender a vivir juntos como hermanos o pereceremos juntos como necios». Si la interacción es fuerte, entonces las acciones que toman los equipos pueden ser fuertes. *La interacción aviva la acción.* Esa es la esencia de la Ley de la Comunicación.

> *«No preguntes qué pueden hacer tus compañeros de equipo por ti. Pregunta qué puedes hacer por ellos».*
>
> —EARVIN «MAGIC» JOHNSON

4. Entre el equipo y el público

Para la mayoría de los equipos la comunicación interna no es la única comunicación importante. De alguna manera interactúan con personas de fuera, como clientes o público en general. Cuando a los miembros del equipo los abordan personas de fuera del grupo, deben recordar tres «erres»: Ser *receptivos, responsables* y *realistas.* Si reciben comunicación gentil de otros, bien les hará responder siempre de forma oportuna y ser realistas acerca de dar y recibir expectativas. Las personas de afuera percibirán que sus inquietudes son bien recibidas.

Por otra parte, la cualidad más importante que un equipo puede mostrar cuando se trata de comunicarse con personas que no pertenecen a él es la unidad. Mientras más independientes sean los miembros del equipo, más difícil puede ser eso; no es fácil lograr que las águilas vuelen en formación. Sin embargo, el poder de la unidad es increíble.

Cuando vivía en la región central de Estados Unidos oí una antigua historia de un concurso de caballos de tiro en una feria rural. Ese es un evento en que varios caballos compiten por halar un trineo cargado con mucho peso. Un año el caballo campeón arrastró dos mil kilos. El segundo arrastró 1950 kilos. Un grupo de hombres enyuntaron a estos caballos para ver cuántos kilos podían arrastrar juntos. Arrastraron cinco mil quinientos kilos, es decir un incremento de más de 33% sobre sus esfuerzos individuales.

Hay gran poder en la unidad. Uno de los principios que siempre expreso a mi equipo es que cuando estamos planificando y devanándonos los sesos quiero todas las ideas y críticas sobre la mesa. Necesitamos una oportunidad para discutir nuestros asuntos. Pero una vez que salimos del salón debemos estar unidos, aunque hayamos enfrentado oposición o críticas. Nos mantenemos como un equipo firme.

> *Trabajar unidos significa ganar unidos*

Cuando se trata de cooperación, esta se deletrea «nosotros». Trabajar unidos significa ganar unidos. Pero ningún equipo trabaja unido a menos que se esté comunicando. Se necesita *interacción para avivar la acción*. Así es simplemente como funciona. Esa es la Ley de la Comunicación.

Unidad o caos

Una de las historias más notables de comunicación y equipo de trabajo con las que me he topado ocurrió entre los prisioneros de guerra estadounidenses que fueron capturados en Vietnam. A medida que aumentaba la participación en la guerra de Vietnam, también crecía el número de soldados estadounidenses capturados. Finalmente cayeron en manos enemigas 772 militares, la mayoría pilotos.

La mayoría de los prisioneros fueron a parar a la prisión Hao Lo, a la cual los hombres llamaban el Hanoi Hilton. Allí sufrieron torturas atroces y condiciones inhumanas. La mayoría se consumió. No era extraño que alguien de un metro ochenta de alto llegara a pesar cincuenta y cinco kilos. Sin embargo, lo peor para la mayoría de los hombres era la soledad obligada. El ex prisionero Ron Bliss explicó: «Usted queda aislado. Allí es cuando comienza el problema. Usted tiene que comunicarse prácticamente a cualquier costo. Quizás lo atrapen y lo torturen por algún tiempo, pero de todos modos lo hace».

Los captores norvietnamitas y el Hanoi Hilton intentaron acabar con los prisioneros golpeándolos físicamente, abatiéndoles el espíritu y aislándolos. Un hombre renuncia a la esperanza cuando piensa que es un individuo abandonado. A Jerry Driscoll, un prisionero que originalmente pensaba que lo podrían liberar después de algunos meses, un compañero le dijo que quizás podrían pasar dos años. «Cuando finalmente llegué a comprender eso, Dios mío, pensé que ese iba a ser un tiempo demasiado largo … La noticia me acabó. Simplemente tomé mi cobija e hice un ovillo con ella y grité con toda esa angustia que iba a ser mucho tiempo. Dos años. Y cuando lo hice me sentí *bien. Puedo soportarlo. Puedo pasar dos años.* Por supuesto, cuando empezaron a pasar, fueron dos años, y dos años después de estos, y dos años más, hasta que en mi caso fueron siete años».

GOLPECITOS ENTRE LOS PRISIONEROS

La comunicación y la conexión con los demás prisioneros se volvieron necesarias para que los hombres soportaran y sobrevivieran. Para hacer posible esa comunicación crearon un ingenioso sistema. Mientras tenían en la misma celda a cuatro prisioneros (Carlyle Harris, Phillip Butler, Robert Peel y Robert Shumaker), idearon un código con golpecitos que podían usar en vez de palabras. Cuando los separaron, usaron el código para comunicarse y lo enseñaron a la mayor cantidad posible de prisioneros. A los pocos meses casi todos los prisioneros sabían el código y lo estaban usando. «El edificio sonaba como una manada de pájaros carpinteros fuera de control», recuerda el ex prisionero Ron Bliss.

Los hombres golpeaban las paredes entre las celdas o pasaban un alambre entre ellas y tiraban de él usando el código. Barrían o paleaban rítmicamente, enviándose mensajes unos a otros. También desarrollaron señales con las manos y otras vías de comunicación. El ex prisionero Thomas McNish comentó: «Varias veces transmitimos el equivalente de *La guerra y la paz* por distintos métodos de comunicación.[5]

Los prisioneros se convirtieron en un equipo, aun cuando los mantenían separados unos de otros y muchos que «hablaban» todo el tiempo no se vieron los rostros hasta que fueron liberados. Trabajaron juntos. Compartieron información. Se apoyaron mutuamente. Llegaron a estar tan unidos que decidieron que ninguno de ellos aceptaría ser liberado a menos de que todos lo fueran. El único que aceptaría la libertad temprana, el marino Douglas Hegdahl, lo hizo únicamente porque el teniente comandante Al Stafford le dio la orden directa de aceptarla. Y esta orden fue dada por una razón: Hegdahl había memorizado los 256 nombres de sus compañeros presos, los cuales los prisioneros querían que fueran comunicados a las autoridades al regresar él a casa.

Finalmente en París se firmó un cese al fuego en enero de 1973, en el cual se disponía la liberación de los prisioneros estadounidenses. Estos comenzaron a regresar a casa el 12 de febrero, y el 29 de marzo salieron los últimos prisioneros del Hanoi Hilton. Fueron liberados 462 en total. Esa cantidad pudo haber sido menor si no hubieran descubierto y mantenido una vía de comunicación mutua. *La interacción aviva la acción.* Y su conexión de unos con otros avivó su capacidad de soportar y de unirse como un equipo. Ese es el valor de la Ley de la Comunicación.

PENSAMIENTO DEL EQUIPO DE TRABAJO

La comunicación incrementa la conexión.

CÓMO SER UN MEJOR MIEMBRO DEL EQUIPO

¿Cuán comprometido está usted en comunicarse con los demás miembros de su equipo? ¿Está apoyándolos a todos, incluyendo a los que no son sus amigos? ¿Es usted receptivo y vulnerable, aunque eso no sea agradable? ¿Mantiene rencillas contra alguien del equipo? Si eso ocurre, usted necesita despejar el aire. Si hay barreras para el establecimiento de la buena comunicación entre usted y otro miembro del equipo, debe eliminarlas. Esa es su responsabilidad.

CÓMO SER UN MEJOR LÍDER DEL EQUIPO

Como el líder de una organización usted da el tono para la comunicación. En este capítulo menciono que la comunicación de un líder debe ser constante, clara y amable. Pero los buenos líderes también deben ser buenos escuchas. Cuando los líderes no escuchan:

- Dejan de obtener sabiduría.

- Dejan de «oír» lo que no se les dice.

- Los miembros del equipo dejan de comunicarse.

- Su indiferencia se empieza a extender a otras áreas.

Finalmente, no prestar atención lleva a la hostilidad, a la mala comunicación y al resquebrajamiento de la cohesión en el equipo.

Revísese en 360 grados. Pida a su jefe o guía, a sus colegas y a sus subordinados que le den sus opiniones relacionadas con las habilidades de escucha que usted tiene. Si no obtiene buenas calificaciones con todos ellos, entonces tranquilícese, escuche y trabaje para llegar a ser un mejor comunicador.

15

LA LEY DE LA VENTAJA

La diferencia entre dos equipos igualmente talentosos es el liderazgo

Los equipos siempre están buscando una ventaja. Estoy seguro de que usted lo ha notado: Un equipo de pelota contrata nuevos talentos o desarrolla nuevas jugadas para vencer a un rival fuerte; o incluso desarrolla todo un nuevo sistema para cambiar un legado de pérdidas. Los comercios invierten en la tecnología más reciente, mejorar su productividad. Las compañías despiden a sus agencias de publicidad y contratan una nueva para lanzar una campaña, porque desean obtener utilidades sobre un gran competidor. Las corporaciones desechan las últimas novedades en sistemas administrativos como los surfistas de canales de televisión desechan los programas repetidos. Todo el mundo anda en busca de la fórmula mágica que lo llevará al éxito. Mientras más competitivo es el mercado, más implacable es la búsqueda.

¿Cuál es la clave del éxito? ¿Talento? ¿Trabajo duro? ¿Tecnología? ¿Eficiencia? Un equipo necesita todo eso para triunfar, pero aun necesita algo más: Liderazgo. Creo que:

- *El personal* determina el potencial del equipo.

- *La visión* determina la dirección del equipo.

- *El trabajo* ético determina la preparación del equipo.

- *El liderazgo* determina el éxito del equipo.

Todo surge y todo cae en el liderazgo. Si un equipo tiene un gran liderazgo, entonces puede obtener todo lo que necesita para subir al más alto nivel.

CÓMO ENCONTRAR LA VENTAJA

Observe cualquier equipo que haya tenido gran éxito, y descubrirá que tiene un liderazgo firme. ¿Qué hizo ganar a General Electric el respeto del mundo empresarial? La ventaja del liderazgo de Jack Welch. ¿Qué selló la victoria de Estados Unidos en la guerra del Golfo Pérsico? La ventaja del liderazgo de los generales Norman Schwarzkopf y Colin Powell. ¿Qué llevó a los Bulls de Chicago a ganar seis campeonatos de la NBA? La ventaja del liderazgo de Phil Jackson y Michael Jordan. Por eso digo que *la diferencia entre dos equipos igualmente talentosos es el liderazgo.* Esa es la Ley de la Ventaja.

> *Observe cualquier equipo que haya tenido gran éxito, y descubrirá que tiene un liderazgo firme.*

Si usted realmente desea ver la diferencia que puede hacer el liderazgo, mire entonces a los mismos jugadores en el mismo equipo con distinto liderazgo. Los Lakers de Los Ángeles son un excelente ejemplo. A finales de la década de los noventa, pasaban dificultades a pesar de tener un talentoso grupo de jugadores, entre ellos Kobe Bryant, quien muchos esperaban que sería el próximo Michael Jordan, y Shaquille O'Neal, el mejor centro en el juego. Ambos jugadores fueron adquiridos en 1996; sin embargo, los Lakers continuaban teniendo graves problemas y no triunfaban como equipo. En 1999 el miembro del equipo Eddie

Jones comentó: «Algo no está bien en este equipo. Todos estamos luchando para mantenerlo unido y tratándose de un grupo con mucho talento, esto no debería estar sucediendo».[1]

Al año siguiente el equipo trajo a Phil Jackson, el hombre que había llevado a los Bulls de Chicago a seis campeonatos, para que dirigiera a los Lakers. Mantuvo intacto el mismo equipo con pocos cambios, porque sabía que el talento no era el problema. Jackson comentó de sus tres jugadores claves, O'Neal, Bryant y Glen Rice:

> Pienso que quizás tenemos tres de los jugadores más talentosos desde la época de Kareem, Worthy y Magic. No obstante, Baylor, West y Chamberlain (que estuvieron en los Lakers de 1968-71) eclipsaron a esas personas. Ellos eran tres de los más grandes anotadores y sin embargo no pudieron ganar un campeonato. De modo que sí, tenemos el talento, tenemos el espectáculo, tenemos todo lo demás, pero ¿cómo hacer que todas las piezas se complementen entre sí? Esa es precisamente mi especialidad como director: tratar de lograrlo. Y este equipo lo está aprendiendo.[2]

Liderazgo es comprender a los jugadores, juntarlos y conseguir que trabajen unidos como equipo para alcanzar su potencial. Y Jackson proveyó eso. El equipo se unió en solo una temporada. En el 2000 los Lakers ganaron el campeonato de la NBA, el cual todo el mundo creía que tenían el potencial de ganar. Lo hicieron en la misma ciudad, trabajando bajo las mismas condiciones y con los mismos jugadores que tuvieron en los años anteriores. Lo único que había cambiado era el liderazgo. Eso es lo que le dio al equipo la ventaja. *La diferencia entre dos equipos igualmente talentosos es el liderazgo.* Esa es la Ley de la Ventaja.

¿ES NECESARIO UN IMPULSO?

Todo mejora con un buen liderazgo. Los líderes son impulsadores. Llevan el pensamiento de sus compañeros de equipo más allá de las antiguas fronteras de la creatividad. Elevan el rendimiento de otros, haciéndolos mejores de lo que eran antes. Mejoran la confianza en ellos mismos y entre ellos. Y levantan las expectativas de todos en el equipo. Mientras los administradores pueden a menudo mantener un equipo en su nivel corriente, los líderes pueden impulsarlo a un nivel más alto del que nunca ha alcanzado. La clave para eso es trabajar con las personas y hacer surgir lo mejor de ellas.

• *Los líderes cambian posesión por trabajo a aquellos que lo realizan.* Para que un equipo triunfe es necesario transferir responsabilidad muy profundamente, hasta las raíces, dentro de la organización. Eso requiere un líder que delegará autoridad y responsabilidad al equipo. Stephen Covey observó: «Las personas y las organizaciones no crecen mucho sin delegación y trabajo total del personal, porque están confinadas a las capacidades del jefe, y reflejan fortalezas y debilidades personales». Los buenos líderes no restringen a sus equipos; los liberan.

• *Los líderes crean un ambiente donde cada miembro quiere ser responsable.* Personas diferentes requieren distintas clases de motivación para dar lo mejor de sí. Una necesita ánimo. A otra se le debe empujar. Alguien más se levantará ante un gran desafío. Los buenos líderes saben cómo leer en las personas y encontrar la clave que las hará tomar responsabilidad por su parte en el equipo. También recuerdan que son responsables de su gente, pero no toman *el lugar de* ellos.

• *Los líderes preparan el desarrollo de capacidades personales.* El equipo puede alcanzar su potencial solo si cada uno de los individuos que lo integran alcanza su potencial. Los líderes eficaces ayudan a cada jugador a hacer eso. Por ejemplo, Phil Jackson es muy conocido por dar a sus jugadores libros que les ayuden a mejorar personalmente, no solo como jugadores de básquetbol sino como individuos.

• *Los líderes aprenden rápidamente y también animan a otros a aprender rápido.* Primero los líderes se impulsan a sí mismos a un nivel mayor; luego levantan a otros a su alrededor. Primero está el modelo, luego el liderazgo. Si todo el mundo está mejorando, entonces el equipo está mejorando.

Si usted quiere impulsar a un equipo, entonces bríndele el mejor liderazgo. La Ley de la Ventaja funciona todo el tiempo.

LAS LEYES DEL LIDERAZGO IMPACTAN AL EQUIPO

Es difícil describir todas las maneras en que el liderazgo puede mejorar a un equipo y darle una ventaja. Quizás para mí el mejor modo de describirlo es usando las 21 leyes de mi libro sobre el liderazgo. Los buenos líderes:

1. No limitan una organización como lo hacen otros. (Ley del Tope)

2. Tienen mayor influencia que otros. (Ley de la Influencia)

3. Valoran el proceso de desarrollo del personal más de lo que hacen otros. (Ley del Proceso)

4. Preparan al equipo para el viaje mejor de lo que lo hacen otros. (Ley de la Navegación)

5. Añaden valor por medio del servicio a los demás. (Ley de la Adición)

6. Se colocan en un fundamento de confianza que es más sólido que el de otros. (Ley del Terreno Firme)

7. Cuentan con mayor respeto de lo que reciben otros. (Ley del Respeto)

8. Trabajan en asuntos del liderazgo antes que otros. (Ley de la Intuición)

9. Atraen más líderes que otros. (Ley del Magnetismo)

10. Se conectan con las personas mejor de lo que hacen otros. (Ley de la Conexión)

11. Se rodean de personas clave más fuertes de lo que hacen otros. (Ley del Círculo Íntimo)

12. Otorgan poder a otros. (Ley del otorgamiento de Poderes)

13. Reproducen más líderes de lo que hacen otros. (Ley de Imagen)

14. Fortalecen a los miembros del equipo más de lo que hacen otros. (Ley del Apoyo)

15. Gana con equipos más que otros. (Ley de la Victoria)

16. Crean ímpetu e incitan al equipo a subir a niveles superiores en mejor forma de lo que hacen otros. (Ley del Gran Impulso)

17. Establecen prioridades de modo más eficaz que otros. (Ley de las Prioridades)

18. Renuncian a sus agendas personales más que otros. (Ley del Sacrificio)

19. Entienden el tiempo y lo usan más eficazmente que otros. (Ley del Momento Oportuno)

20. Hacen crecer a más líderes y organizaciones que otros. (Ley del Crecimiento Explosivo)

21. Dejan un legado que perdura más que los de otros. (Ley del Legado)

Los buenos líderes hacen las cosas un poco mejor de lo que las hacen otros. El resultado por lo general es la victoria. Esa es la Ley de la Ventaja.

CAMBIEMOS LOS MITOS SOBRE LAS MESAS

El liderazgo es la clave de la Ley de la Ventaja, pero mi deseo no es que usted piense que la responsabilidad del liderazgo recae siempre sobre una persona. Aunque la mayoría de los equipos tienen un líder designado que es finalmente el responsable de la supervisión del equipo, el verdadero liderazgo del equipo generalmente es compartido.

Descubro que cuando se trata de liderazgo muchas personas tienden a verlo en una de dos formas. A la primera la llamo el *mito de la cabecera de la mesa*. Esta es la idea de que en un equipo particular, una persona siempre está a cargo en cada situación. Es la idea de que este individuo particular ocupa de modo permanente la «cabecera de la mesa» en la organización y que todos los demás siempre tienen un papel subordinado a él. Por ejemplo, he aquí una ilustración que podría haber escrito alguien que está de acuerdo con el mito de la cabecera de la mesa:

Como todos saben, un ejecutivo no tiene prácticamente nada qué hacer, excepto:

Decidir lo que se debe hacer;

Pedir a alguien que lo haga;

Escuchar las razones de por qué no se debe hacer, por qué otra persona lo debe hacer, o por qué se debe hacer de modo diferente;

Supervisar para ver si el asunto se ha hecho, solo para descubrir que no;

Preguntar por qué;

Escuchar las excusas de la persona que debería haberlo hecho;

Supervisar de nuevo para ver si el asunto ya se hizo, solo para descubrir que se ha hecho de manera incorrecta;

Mostrar cómo se debió haber hecho;

Concluir que mientras se estaba haciendo, quizás se pudo haber dejado como estaba;

Preguntarse si no es el momento de deshacerse de una persona que no puede hacer algo bien;

Reflexionar en que la persona probablemente tiene cónyuge y una familia grande, y que seguramente cualquier sucesor sería así de malo, o peor;

Considerar cuán simple y mejor se habría realizado el asunto si alguien lo hubiera hecho por sí mismo en primer lugar;

Meditar con tristeza que alguien pudo haberlo hecho de modo correcto en veinte minutos y cuando las cosas cambiaron, alguien ha tenido que pasar dos días averiguando por qué a alguien más le ha llevado tres semanas hacerlo mal.

Es falsa la idea de que una persona siempre está llevando a cabo toda la dirección. La misma persona no siempre debe dirigir el equipo en toda situación. El desafío del momento a menudo determina al líder para ese reto, porque cada persona en el equipo tiene fortalezas que entran en juego. Permítame darle un ejemplo. Aun cuando dirijo el Grupo INJOY como su fundador, no siempre dirijo el equipo. Otras personas en el equipo tienen dones, habilidades y aptitudes que yo no poseo. Por tanto, cuando hace poco mudamos nuestras oficinas (junto con los empleados, sus equipos, nuestros suministros y computadoras, nuestra información y sistemas de comunicación, etc.) el trabajo exigió aptitudes complicadas de orientación y de increíble planificación.

La persona más obvia para conducir el equipo fue Frank Hartman, pensador logístico, excepcional planificador y destacado administrador. Frank ideó el plan para la mudanza. Tenía la autoridad y la responsabilidad para llevar a cabo el proceso y dirigir a todas las personas, incluyendo al ejecutivo en jefe y a otros funcionarios de la organización. Hizo un trabajo extraordinario. No perdimos un solo día de productividad en la oficina durante la mudanza. Nadie más en nuestro equipo pudo haberlo logrado de modo tan eficaz. Yo le pasé la pelota a Frank, él nos condujo con éxito y cumplió la Ley de la Ventaja.

La otra falsa idea acerca del liderazgo se va al otro extremo. La llamo el *mito de la mesa redonda*. Esta es la creencia de que todos en el equipo son iguales, que todas las opiniones valen lo mismo y que un equipo puede funcionar sin liderazgo. Eso tampoco es cierto. Un equipo que trata de funcionar como una democracia no logra hacer nada.

Todo el mundo es importante, pero no todo el mundo es igual. La persona con mayor experiencia, capacidad y productividad en un campo dado es más importante para el equipo en ese campo. La opinión del ejecutivo en jefe de General Electric, Jack Welch, tiene más peso que la del individuo que embala cajas en la línea de ensamblaje. Michael Jordan de la NBA vale más dinero que el defensa que se sienta en el banco. Así es. Eso no significa que Jack y Michael tengan más valor como *seres humanos.* A los ojos de Dios es igual el amor para todos. Pero cuando se trata de liderar el equipo, alguien debe dar un paso adelante.

DAR VENTAJA AL EQUIPO

En esencia el liderazgo es como una ventaja continua para el equipo. Los líderes ven más lejos que sus compañeros de equipo. Ven las cosas más rápidamente que ellos. Saben lo que va a suceder y pueden anticiparlo. En consecuencia, hacen que el equipo se mueva con antelación en la dirección adecuada, y por lo tanto que se encuentre en posición de ganar. Hasta un corredor regular puede ganar una carrera de cien metros contra un velocista de talla mundial, si le dan cincuenta metros de ventaja.

> *Todo el mundo es importante, pero no todo el mundo es igual.*

Mientras más grande sea el desafío, más grande es la necesidad de que el liderazgo provea muchas ventajas. Y mientras más líderes desarrolle un equipo, más grandes se vuelven las ventajas que el liderazgo provee. Si usted quiere triunfar y mantenerse en victoria por mucho tiempo, entrene jugadores del equipo para que se conviertan en mejores líderes.

En los deportes es fácil ver la ventaja que el liderazgo provee, pero el poder del liderazgo se transfiere a todos los campos. El negocio manejado por un buen líder encuentra a menudo su mercado antes que sus rivales, aunque estos tengan mayor talento. La organización sin fines de lucro dirigida por líderes fuertes recluta más personas, las capacita para liderar, y en consecuencia sirve a mayor cantidad de personas. Incluso en un área técnica como la ingeniería o la construcción el liderazgo es invaluable para garantizar que el equipo tenga éxito.

UNA EXCELENTE OPORTUNIDAD

Un tremendo ejemplo de cómo influye la Ley de la Ventaja en un área técnica se puede ver en la más grande hazaña de ingeniería en el mundo: el Puente Golden Gate. Concluido en 1937, su arco principal era más largo que cualquier otro puente de suspensión en el mundo, hasta que se construyó el Verrazano Narrows en la Ciudad de Nueva York en 1964. Si usted ha estado en San Francisco ha visto entonces cuán hermoso e impresionante es el puente Golden Gate. Pero la historia de su construcción es aun más impresionante.

La idea de un puente que cruzara el Golden Gate (la apertura de la Bahía de San Francisco), fue propuesta por primera vez en 1872, aunque nadie pensaba que realmente fuera posible. La idea no salió a relucir de nuevo, ni se tomó en serio, hasta 1916. La gente quería un puente por una simple razón: el crecimiento y la expansión de San Francisco se veían obstaculizados por su ubicación, puesto que estaba rodeada de agua por tres partes. Al norte había mucha tierra abierta, pero era difícil llegar. Aun cuando el condado Marín yacía solo a kilómetro y medio al otro lado del estrecho, para llegar allá era necesario hacer un viaje tortuoso de ciento sesenta kilómetros alrededor de la enorme área de la Bahía de San Francisco. La otra alternativa era tomar un ferry para atravesar la brecha, pero en horas de congestión los conductores debían esperar en fila hasta cuatro horas para cruzar.

Parecía que nunca se llevaría a cabo la construcción de un puente a través de Golden Gate. Los desafíos físicos y tecnológicos del proyecto eran abrumadores. La entrada de la bahía experimentaba fuertes corrientes marinas y vientos huracanados. La profundidad del canal, que alcanzaba más de cien metros en algunos puntos, también haría muy difícil la construcción. Más importante aun, cualquier puente que se construyera debería ser lo suficientemente alto para permitir el paso de grandes barcos que navegaban por debajo. Ingenieros de toda la nación calcularon que un puente costaría algo así como $250 millones. (¡En ese tiempo el valor de todas las propiedades de la ciudad de San Francisco totalizaba $375 millones!)

SALE A RELUCIR UNA VENTAJA

Entonces llegó Joseph B. Strauss, quien era el propietario de una empresa de ingenieros que había construido más de cuatrocientos puentes. Pero más importante que su experiencia era su gran visión y su poderoso liderazgo. Pensaba que podía construir con veinticinco millones de dólares un puente que atravesara Golden Gate. Strauss reunió en 1921 los diseños preliminares para un puente y comenzó a conseguir apoyo para el proyecto entre los líderes de los condados adyacentes a San Francisco. Incansablemente promocionó el puente. Al principio su influencia era extraoficial. Pero con el tiempo, después de la formación del Distrito de Carreteras y del Puente Golden Gate, fue nombrado ingeniero jefe del proyecto propuesto.

El puente no se habría construido si no hubiera sido por un líder como Strauss. Durante doce años luchó contra todo obstáculo imaginable y que se oponía al proyecto. Cuando la maquinaria política de San Francisco (incluyendo al ingeniero jefe de la ciudad, Michael O'Shaughnessy) se le opuso, él se reunió con líderes y ciudadanos de todos los condados para conseguir apoyo de las bases. Cuando el cuerpo de ingenieros del ejército y el Departamento de Guerra (que controlaban la tierra de ambos lados del estrecho) amenazaron con retirar su aprobación, Strauss fue a Washington y persuadió al secretario de guerra que garantizara la cooperación gubernamental. Cuando el Distrito de Carreteras y del Puente Golden Gate experimentó graves problemas de flujo económico, Strauss se reunió con Amadeo P. Giannini, fundador del Bank of America. En solo unas horas pudo persuadir a Giannini de que comprara bonos inmediatamente para mantener en rumbo el proyecto y de que se comprometiera a comprar más la próxima vez que se los ofrecieran. Strauss venció poderosos intereses de grupo, ambientalistas, problemas laborales y los estragos de la gran depresión, que golpeó en medio del proceso. Su energía e influencia eran asombrosas.

Un líder que no hacía las cosas a su manera

Una de las mayores fortalezas de Strauss era su capacidad de atraer buenos líderes e ingenieros. Para que el proyecto tuviera éxito llamó a los mejores diseñadores de puentes en el mundo. Cuando comprendió que su diseño original para el puente era inadecuado y podía poner en peligro el proyecto, lo abandonó y confió en sus líderes para crear algo mejor. «Strauss tenía una rara habilidad», comentó el escritor John Van der Zee, «para localizar y atraer a hombres de mayores capacidades que las suyas, hombres que aceptarían su liderazgo».[3]

Strauss era un líder de líderes, y no importa qué dificultad le lanzaban, él la manejaba. Era un líder natural que comprendía cómo influir en otros. Van der Zee observó:

Strauss era más fuerte en mercadear y promocionar ideas que en concebirlas por sí mismo. Parecía saber de modo instintivo a quién alcanzar, a quién llegar y convencer, quiénes serían los que tomarían las decisiones, las personas que contarían en una situación dada.[4]

FINALMENTE SE ABRE EL CAMINO

La construcción del puente comenzó al fin en 1933. Strauss contrató de nuevo los mejores ingenieros que pudo encontrar para supervisar la construcción. Esa no fue una tarea pequeña. El equipo que construyó el puente invirtió veinticinco millones de horas de trabajo para completarlo.[5] Sin embargo, la construcción real pareció fácil en comparación con lo que se había necesitado antes de que el proceso comenzara. Cuando el puente estuvo finalmente terminado, Strauss observó que había necesitado dos décadas para convencer a la gente de que el puente era posible, ¡pero solo cuatro años para construirlo! Y lo terminó justo a tiempo. Murió a los sesenta y ocho años de edad, el año siguiente de la construcción del puente.

Mire entre bastidores de toda gran empresa y siempre encontrará un líder fuerte. El puente Golden Gate no se habría construido si Joseph Strauss no se hubiera tomado la responsabilidad personal por su ejecución ni se hubiera dedicado de todo corazón al proyecto. Esa es la realidad de la Ley de la Ventaja. Si un equipo quiere realizar su potencial y alcanzar sus metas, necesita un líder. Por eso digo que *la diferencia entre dos equipos igualmente talentosos es el liderazgo.*

❦

PENSAMIENTO DEL EQUIPO DE TRABAJO

Todo surge y todo cae en el liderazgo.

CÓMO SER UN MEJOR MIEMBRO DEL EQUIPO

Usted no tiene que ser *el* líder para ser *un* líder en su equipo. Empiece hoy día el proceso de mejorar sus habilidades de liderazgo. Haga lo siguiente:

- Reconozca el valor del liderazgo.

- Responsabilícese personalmente por su crecimiento en liderazgo.

- Colóquese en un programa de desarrollo de liderazgo.

- Consígase un guía en liderazgo.

Una vez que usted personalmente se haya añadido valor está en capacidad de agregar valor e influenciar a otros para mejorar su equipo.

CÓMO SER UN MEJOR LÍDER DEL EQUIPO

Si usted es *el* líder de su equipo, entonces lo mejor que puede hacer por sus compañeros es seguir el ejemplo de Joseph Strauss. Agregue otros líderes al equipo.

Usted puede hacer eso en dos maneras. Primera, atraiga los mejores líderes que pueda: personas cuyo talento y potencial sean mayores que los suyos. Segunda, desarrolle ahora las personas del equipo. Mientras más fuerte sea el liderazgo del equipo, más grande es su potencial de triunfo. No olvide: todo surge y todo cae en el liderazgo.

16

LA LEY DE LA MORAL ALTA

Nada duele cuando se está ganando

Esta es una imagen que la mayoría de los estadounidenses nunca olvidará: la gimnasta Kerri Strug cargada en los brazos del entrenador Bela Karolyi hasta el podio para recibir su medalla de oro junto con sus seis compañeras de equipo en los Juegos Olímpicos de Verano 1996 en Atlanta. Fue un momento excepcional. Era la primera vez que el equipo de gimnasia femenina de Estados Unidos ganaba la medalla de oro, pero no es por eso que la gente recordaría este evento. Era también una gran imagen: la diminuta Strug de 39,5 kilos de peso en brazos del «gran oso» de su entrenador, un hombre considerado como el más grande entrenador de gimnasia en la historia. Pero esa tampoco es la razón. Será recordada porque es la imagen perfecta de la Ley de la Moral Alta.

UN PRINCIPIO PARA EL EQUIPO

Aunque usted no lo haya visto por televisión como yo lo vi, es probable que sepa la historia. En un deporte dominado por los equipos rusos y rumanos, el equipo de Estados Unidos en realidad estaba adelante en los juegos olímpicos. Las rusas empezaron bien, pero después de la primera rotación de eventos, las estadounidenses estaban en primer lugar. A medida que las atletas competían en cada evento, el liderazgo del equipo de EUA se afianzaba, no por mucho, pero sí sólidamente. Cuando los equipos llegaron al evento final, ejercicios en el piso para las rusas y salto para las estadounidenses, todo lo que el equipo de EUA debía hacer era terminar con solidez y la medalla de oro sería suya.

La penúltima en saltar para EUA era Dominique Moceanu, generalmente de gran actuación. Pero para la sorpresa de muchos, en su primer intento cayó sentada en vez de caer de pie, lo que le dio un puntaje muy bajo. Por fortuna, en salto femenino cada atleta tiene una segunda oportunidad, y solo cuenta el mejor de los dos puntajes. Sin embargo, de modo increíble, Moceanu perdió su segundo intento con los mismos resultados.

Aunque se esperaba otra actuación de Moceanu, la situación no era desesperada. A EUA aún le quedaba una atleta: Kerri Strug, quien había recibido los mejores puntajes en salto durante las pruebas de selección olímpica. Un buen salto suyo y la medalla de oro pertenecería al equipo. Pero cuando Strug intentó hacer su primer salto, sus pies no quedaron en una posición muy buena. Ella también resbaló y cayó. Peor todavía, se lesionó y aún debía completar otro salto para el equipo.

Ahora la situación era desesperada. Después de los acontecimientos algunos comentaristas observaron que EUA pudo haber ganado sin el segundo salto de Strug. Pero en ese instante la gimnasta rusa Rozalia Galiyeva aún debía competir en el ejercicio de piso. Al entrenador estadounidense Bela Karolyi le preocupaba que un puntaje alto de la rusa pudiera costarle a las suyas la victoria por la que habían luchado duro.

Strug sabía lo que debía hacer. Tenía que saltar, era su último intento del evento final en la competencia del equipo femenino. «Dame un último salto», la animó Karolyi. «Dame un gran último salto».

No era la primera vez para Strug

Todo atleta que logra llegar a los niveles superiores sabe que esto significa sufrir dolor. Kerri Strug no era distinta. Además de todas las presiones, esguinces y contusiones normales, en el pasado se había recuperado de un desgarre muscular del estómago y una lesión de espalda por una caída de las barras paralelas desiguales. Karolyi se expresó así de ella: «Es una niña pequeña que nunca fue la más ruda … siempre un poco tímida, siempre parada detrás de alguien más. Pero a veces esta es la persona con las mejores agallas».[1]

Una gimnasta tiene solo treinta segundos para completar su segundo salto después de que se han tabulado los puntajes del primero. En esos momentos Strug se enfocó en sí misma. Más tarde recordó: «Yo sabía que algo no andaba bien en mí. Oí que algo sonó. Me estuve diciendo que no fallaría en el salto o la medalla de oro se perdería y todo el trabajo duro y el esfuerzo se desmoronarían en unos pocos segundos. Solo hice una corta oración y le pedí a Dios que me ayudara».[2]

¿Sufrimiento o victoria?

Lo que Strug no sabía es que durante su primer salto se habían desgarrado dos ligamentos en su tobillo izquierdo. Pero eso no importaba. Voló por la pista, golpeó el trampolín, dio el salto con ayuda de las manos y voló por el aire. De manera milagrosa cayó a tierra sólidamente con ambos pies. Luego sintió un dolor insoportable. Rápidamente saludó a los jueces parada en un solo pie y entonces fue a dar contra el suelo. Había completado su salto, había obtenido su puntaje y todo el equipo consiguió su medalla de oro.

Después de eso la niña que siempre había estado en segundo plano, que nunca había sido la estrella de su gimnasio, se convirtió en la estrella del equipo olímpico. Todo el mundo parecía apreciar el sacrificio que hizo. El periodista deportivo E. M. Swift escribió:

> Lo único que Kerri sabía, además de la seguridad de la medalla de oro, era que se había lesionado demasiado como para participar en la competencia completa individual que se efectuaría dos días después, una meta a la que se había aferrado durante los últimos cuatro años. Este era su momento de mayor triunfo, y también el de mayor desilusión. Su voluntad había encontrado una manera de bloquear el dolor durante unos segundos cruciales, pero exigió un precio castigador. Kerri prácticamente se sacrificó por el equipo.[3]

Las propias palabras de Strug fueron directas y sencillas: «Cuando lo haces bien crees que vale la pena. Cuando sacrificas mucho y finalmente lo haces bien, se siente bien de verdad».[4] En otras palabras, *nada duele cuando se está ganando*. Esa es la Ley de la Moral Alta.

POR LA SUPERIORIDAD DEL EQUIPO

La Ley de la Moral Alta podría hacer sonar una campana en usted, porque la expresión de la ley fue inspirada por las palabras de Joe Namath, el mariscal de campo que ayudó a los Jets de Nueva York a ganar el Super Bowl en 1969. Como cualquier campeón, él comprendía que existe una euforia por ganar. Esa sensación puede ser tan fuerte que lo sostiene a usted a través de la disciplina, el dolor y el sacrificio que se requieren para rendir al máximo nivel.

Así es como se sintió Kerri Strug. Cuando enfrentó ese salto final sabía que su actuación ayudaría al equipo a ganar. Saber eso la fortaleció para no fallarle al equipo cuando más la necesitaban.

> *Es irónico, pero si usted juega lastimado puede poner al equipo en posición de ganar. Y si gana, nada duele.*

Quizás por eso George Allen, quien dirigió a los Redskins de Washington a principios de la década de los setenta, dijo: «Cada vez que usted gana nace de nuevo; cuando pierde muere un poco». Es irónico, pero si usted juega lastimado puede poner al equipo en posición de ganar. Y si gana, nada duele.

Lo que en realidad ayuda al equipo a dar lo mejor de sí es la moral alta. Esta puede hacer una gran diferencia. Cuando un equipo tiene la moral alta no solamente debe tratar con cualquier circunstancia que se le presente: crea sus propias circunstancias.

- *Quien recauda fondos* sabe que a las personas les gusta dar en circunstancias adecuadas.

- *El maestro* sabe que a los estudiantes les gusta desarrollarse bajo las circunstancias adecuadas.

- *El líder* sabe que a las personas les agrada obedecer bajo las circunstancias adecuadas.

- *El entrenador* sabe que los jugadores pueden ganar bajo las circunstancias adecuadas.

La moral alta es uno de los elementos esenciales en la creación de las circunstancias adecuadas para que cualquier equipo actúe en un nivel superior.

LA MORAL ALTA ES GRANDIOSA

Si el equipo está ganando, entonces la moral está alta; y si la moral está alta, entonces el equipo está en una posición de ganar. Por consiguiente, ¿qué es primero, la moral alta o ganar? Creo que la moral alta generalmente llega primero. ¿Por qué? Porque magnifica todo lo positivo que está sucediendo al equipo. He aquí lo que quiero decir:

1. La moral alta es el gran exagerador

Cuando el equipo como un todo es positivo, y todos los jugadores se sienten bien consigo mismos, *todo* parece bien. La preparación parece ser más suave. Toda división parece desaparecer. Las pequeñas victorias parecen dulces y las grandes nos hacen sentir casi invencibles. Las estrellas del equipo se dan a la hora de la verdad e incluso los jugadores de la banca parecen jugar más allá de sus capacidades normales.

Algunas personas llaman a esos momentos una racha o período de suerte. Pero eso en realidad solo es moral alta. En deportes, durante épocas de moral alta todos saltan al carro de la banda como fanáticos. En negocios grandes las personas compran las acciones de la compañía. En la farándula las revistas y las cadenas de televisión piden entrevistas, y los productores pagan grandes cantidades por los servicios del equipo. ¿Ha pasado el equipo de ser falto de talento a talentoso de la noche a la mañana? ¿Es realmente el equipo tan bueno como parece? Quizás no. El equipo simplemente está disfrutando la obra del gran exagerador.

2. La moral alta es el gran elevador

Cuando un equipo tiene la moral alta, la actuación de su gente sube a un nuevo nivel. El equipo se enfoca en su potencial, no en sus problemas. Sus miembros se vuelven más comprometidos. Y todo el mundo encuentra más fácil ser desinteresado. Los miembros del equipo están confiados, y tal confianza les ayuda a actuar en un nivel superior.

Cuando un equipo está perdiendo ocurre el efecto opuesto. Los jugadores empiezan a enfocarse en sus problemas. Baja en todos el nivel de compromiso. El equipo ahuyenta a otros en vez de atraerlos. Y todo el mundo se dedica a ver por sí mismo en vez de ver por sus compañeros. Cuando se está perdiendo todo duele.

3. La moral alta es el gran energizador

Otra cosa que la moral alta hace por el equipo es darle energía. Los jugadores se vuelven como el conejito Energizer: Todos se mantienen andando y corriendo. Ninguna montaña parece alta. Ningún proyecto parece demasiado difícil. Ninguna carrera parece muy larga. Su entusiasmo se levanta junto con su energía, y el equipo empieza a desarrollar un ímpetu que es casi imparable.

4. La moral alta es la gran eliminadora

Debido al ímpetu y a la energía que vienen con ella, la moral alta también se vuelve la gran eliminadora. Mientras un equipo que está perdiendo y experimentando moral baja puede llegar a herirse incluso por el menor de los problemas, un equipo con moral alta se mantendrá activo aun cuando enfrente un obstáculo enorme o agobiantes contratiempos. No importa cuán grandes sean los problemas, estos sencillamente parecen desaparecer.

5. La moral alta es el gran emancipador

Una de las otras cosas que la moral alta hace por el equipo es liberarlo. Al ganar se crea espacio para respirar. Un buen equipo con moral alta utilizará ese espacio para tomar riesgos e intentar nuevas cosas que de otra manera no haría. Se detiene para hacer preguntas que de otro modo no haría. Al hacer eso surge la creatividad y la innovación. Al final la moral alta libera al equipo para alcanzar su potencial.

LAS CUATRO ETAPAS DE LA MORAL

Quizás usted esté diciendo: «Perfecto, estoy de acuerdo. *Nada due-le cuando se está ganando.* La moral alta es grandiosa para el equi-po. ¿De qué manera se logra?» Déjeme decírselo. Si usted es un jugador, entonces debe: 1) tener buena actitud, 2) siempre dar lo mejor de sí, y 3) apoyar a la gente en el equipo, tanto a jugadores como a líderes. Si usted tiene poca influencia, entonces ejérzala modelando excelencia.

Sin embargo, si usted es uno de los líderes del equipo, enton-ces tiene una gran responsabilidad. Debe ser un modelo de exce-lencia, pero también debe hacer algo más: ayudar a las personas que dirige a desarrollar la clase de moral e ímpetu que ayudan a crear un equipo ganador. La clave para saber qué hacer se puede encontrar en las cuatro etapas de la moral:

Etapa 1: Moral escasa, el líder debe hacer todo

No hay nada más desagradable que estar en un equipo cuando nadie quiere estar en él. Si ese es el caso, el equipo generalmente es negativo, letárgico o desesperanzado. Esa es con frecuencia la atmósfera de un equipo que está perdiendo.

Si usted se encuentra en tal clase de situación, entonces haga lo siguiente:

- *Investigue la situación.* Lo primero que se debe hacer es poner atención a lo que el equipo está haciendo mal. Comience por arreglar lo que se ha desarreglado. Eso solo no le dará moral alta al equipo, pero dejará de darles a los jugadores razones para tener la moral baja.

- *Inspire confianza.* La única manera de que un equipo cambie es que la gente crea en sí misma. Como líder usted debe ser el iniciador de esa confianza. Muestre a las personas que usted cree en usted mismo y en ellas.

- *Produzca energía.* El deseo de cambiar sin la energía para hacerlo frustra a las personas. Para llevar al equipo un mayor nivel de energía, usted debe estar lleno de energía. Trabaje con energía el tiempo suficiente y finalmente alguien en el equipo se le pondrá a su lado y se le unirá. Luego lo hará otro. Al final la energía se extenderá.

- *Transmita esperanza.* La mayor necesidad de los jugadores en esta etapa es la esperanza. Napoleón Bonaparte dijo: «Los líderes son distribuidores de esperanza». Ayude a su gente a ver el potencial del equipo.

La única manera de hacer rodar la pelota en la etapa uno es que usted mismo comience a empujarla. Usted como líder no puede esperar que cualquier otro lo haga.

> *«Los líderes son distribuidores de esperanza».*
> —NAPOLEÓN BONAPARTE

Etapa 2: Moral baja, el líder debe hacer cosas productivas

Cualquier movimiento es al principio una gran victoria. Pero para crear moral positiva usted debe adquirir alguna velocidad. Debe ser productivo. ¡Después de todo usted no puede dirigir un auto estacionado! Para lograr que el equipo se mueva:

- *Modele una conducta que tenga gran rendimiento.* Los individuos hacen lo que ven hacer. La mejor manera de que aprendan lo que usted espera de ellos es que usted mismo lo haga.

- *Desarrolle relaciones con personas de potencial.* Para lograr que cualquier equipo se mueva en la dirección adecuada usted necesita jugadores que produzcan. En esta etapa su equipo quizás tenga algunos productores. Si es así, desarrolle relaciones con ellos. Si no, entonces encuentre individuos que tengan el potencial de ser productivos y comience con ellos. No pida demasiado de ellos muy pronto. Los líderes llegan al corazón antes de pedir una mano. Por eso usted debe comenzar por forjar relaciones.

- *Consiga pequeñas victorias y hable de ellas con sus compañeros de equipo.* Nada ayuda a las personas a crecer en capacidad y confianza como tener algunos triunfos en su haber. Eso es lo que usted quiere dar a las personas de su equipo. Empiece con quienes tienen el mayor potencial.

- *Comunique la visión.* Como ya expliqué en la Ley de la Brújula, la visión da dirección y confianza a los miembros del equipo. Mantenga continuamente la visión ante su equipo.

Una vez que el equipo esté en movimiento, usted puede comenzar a dirigir.

Etapa 3. Moral moderada, el líder debe hacer cosas difíciles

¿Recuerda cómo se sintió la primera vez que obtuvo su licencia de conducir? Quizás antes de recibirla disfrutó simplemente al sentarse en el asiento del conductor de un auto, imaginándose cómo sería manejar. Después, cuando ya tuvo su licencia y se le permitió sacar el auto, dar tan solo un paseo quizás era emocionante. En realidad no importaba a dónde iba. Pero a medida que usted crece, el solo manejar no es suficiente. Tener un destino se vuelve importante.

Lo mismo sucede con un equipo. Reunirlo y ponerlo en movimiento es un logro. Pero lo que importa es a dónde va. Para cambiar desde simplemente *mover el equipo* a *moverlo en la dirección correcta*, usted debe comenzar a hacer las cosas difíciles que ayudan al equipo a mejorar y a desarrollar alta moral. Eso incluye:

- *Crear cambios que hagan mejor al equipo.* Usted ya comprende la Ley de la Cadena. Recuerde tan solo que los líderes son responsables de minimizar el daño que cualquier miembro del equipo puede hacer por debilidad o actitud, y de maximizar la eficacia de todos los miembros del equipo al colocarlos en sus especialidades. A menudo esas acciones exigen decisiones difíciles.

- *Recibir el apoyo de los miembros del equipo.* Una cosa es lanzar visión sobre el equipo y otra es lograr que sus compañeros de equipo lo adopten. Sin embargo, esto es lo que se debe hacer para forjar una moral mayor. El equipo debe adoptarlo a usted como líder, abrazar los valores y la misión del grupo, y alinearse con sus expectativas. Si usted logra hacerlo podrá llevar el equipo a donde debe ir.

- *Comunicar el compromiso.* Parte del proceso de lograr que la gente adopte la visión viene de mostrarle el compromiso que usted tiene. La Ley del Apoyo de *Las 21 leyes irrefutables del liderazgo* dice que las personas apoyan al líder y después a la visión. Si usted ha demostrado constantemente gran competencia, buen carácter y firme compromiso, ya ha colocado la base para que su gente adopte.

- *Desarrollar y capacitar a los miembros para el triunfo.* Nada levanta más la moral que el éxito. La mayoría de las personas no logran triunfar por su cuenta. Necesitan ayuda, y esa es una de las razones principales para que alguien las dirija. Si usted invierte en sus compañeros de equipo, entonces les ayuda y el equipo triunfa.

Las dos etapas más difíciles en la vida del equipo son la primera, donde usted intenta crear movimiento en un equipo que no va a ninguna parte, y la tercera, donde usted se debe convertir en un agente de cambio. Estos son los momentos en que es más necesario el liderazgo. La etapa tres es para el líder el momento de hacer o destruir. Si usted puede triunfar en la etapa tres, entonces podrá crear una moral alta en su equipo.

Etapa 4: Moral alta, el líder debe hacer pocas cosas

En la etapa cuatro su labor como líder es ayudar al equipo a mantener la moral y el ímpetu en alto.

- *Mantenga al equipo enfocado y en curso.* La moral alta lleva a ganar, y al ganar se mantiene la moral. De ahí la importancia de que los miembros del equipo se mantengan enfocados. Si pierden el enfoque o se salen de curso dejarán de ganar. Recuerde además: mientras más lejos intente ir, más grande es el impacto de un error en la dirección. A usted no le perjudica salirse de su camino uno o dos pasos al querer cruzar una calle. Pero si quiere atravesar el océano, unos pocos grados lo pueden meter en un gran problema.

- *Comunique los triunfos.* Algo que ayuda mucho a mantener a las personas en su rumbo es saber que están haciendo lo correcto. Usted puede señalar eso comunicando los éxitos del equipo. Para elevar la moral no hay nada como ganar y celebrar la victoria.

- *Elimine lo que dañe la moral.* Una vez que el equipo está rodando en la dirección correcta, manténgalo en curso. La Ley del Gran Impulso, tomada de *Las 21 leyes irrefutables del liderazgo*, dice que el impulso es el mejor amigo del líder. Los líderes ven antes que otros, de modo que necesitan proteger al equipo de las cosas que lo pueden perjudicar.

- *Deje que otros líderes dirijan.* Cuando un líder prepara a otros miembros del equipo para conducir y luego les da libertad de hacerlo, está haciendo dos cosas: Primera, utiliza el ímpetu que ya tiene el equipo para crear nuevos líderes que lo guíen. Es más fácil levantar nuevos líderes que triunfen si son parte de un equipo triunfante. Segunda, aumenta el liderazgo del equipo, lo que lo hace aun más triunfador. Si un líder hace eso una y otra vez logra crear un ciclo de éxitos que alimentan la moral alta del equipo.

El proceso de levantar una moral alta es simple, pero no fácil. Se necesita un liderazgo fuerte y lleva tiempo. Si hay alguien que sea un maestro en ese proceso, ese es Ronald Reagan. Cuando Reagan llegó a la presidencia en 1981, la moral de Estados Unidos estaba en su nivel más bajo desde la gran depresión. Después de Watergate el pueblo había perdido la fe en el gobierno. La amenaza de una guerra nuclear con la Unión Soviética se mantenía latente en la mente de las personas. La inflación era descontrolada. Los precios del petróleo aumentaban y las tasas de intereses estaban por los cielos. El pueblo no podía haber estado más desmoralizado.

> *Las cuatro etapas de la moral*
>
> *1. Moral escasa: El líder debe hacer todo*
>
> *2. Moral baja: El líder debe hacer cosas productivas*
>
> *3. Moral moderada: El líder debe hacer cosas difíciles*
>
> *4. Moral alta: El líder debe hacer pocas cosas*

Ronald Reagan ayudó al pueblo a creer otra vez en la nación. Bajo su presidencia se reanimó la economía, terminó la guerra fría, cayó el Muro de Berlín y la gente volvió a creer en sí misma y en su país.

LA MORAL ALTA EN EL HOGAR

No es necesario que usted tenga el poder de un presidente o la capacidad de un atleta olímpico para practicar la Ley de la Moral Alta. Puede aplicar el principio a su negocio, a su servicio voluntario, o incluso a su familia. Es más, cuando la Ley de la Moral Alta está funcionando en su más alto nivel, el liderazgo levanta la moral del equipo, y el equipo levanta la moral del líder. Así es como debe ser. Nada duele cuando se está ganando.

Deseo hablar ahora de un equipo donde los miembros se inspiran y se levantan continuamente unos a otros hasta el punto de que su moral es alta y se mantienen victoriosos a pesar del dolor que sienten. Ese equipo está conformado por Dick Hoyt y su hijo Rick.

Cuando nació Rick Hoyt en 1962, sus padres tenían las típicas esperanzas motivadas de ser padres por primera vez. Pero entonces supieron que durante el nacimiento de su hijo el cordón umbilical se le había enredado en el cuello, impidiendo la llegada de oxígeno al cerebro. Más tarde le diagnosticaron parálisis cerebral a Rick. Su padre recuerda: «Cuando el niño tenía ocho meses los doctores nos dijeron que lo

> *Cuando la Ley de la Moral Alta está funcionando en su más alto nivel, el liderazgo levanta la moral del equipo, y el equipo levanta la moral del líder.*

debíamos apartar, pues sería un vegetal toda la vida».[5] Pero los padres de Rick no hicieron eso. Decidieron criarlo como cualquier otro niño.

Una ardua batalla

Criar a Rick como un niño normal era a veces una tarea difícil. Él es tetrapléjico, por lo que no habla, ya que tiene limitado su control de la lengua. Sin embargo, sus padres trabajaron en él, enseñándole todo lo que podían e incluyéndolo en las actividades familiares. A los diez años de edad la vida de Rick cambió cuando ingenieros de la Universidad Tufts inventaron un aparato que lo capacitaba para comunicarse vía computadora. Las primeras palabras que lenta y concienzudamente tecleó fueron: «Adelante Bruins». En ese momento la familia, que estaba siguiendo las finales de la NHL [Liga nacional de hockey, según sus siglas en inglés] con los Bruins de Boston, descubrió que Rick era un fanático del deporte.

En 1975, después de una larga batalla la familia al fin pudo ingresar a Rick en la escuela pública, donde se distinguió a pesar de sus limitaciones físicas. Su mundo estaba cambiando. Cambió aun más en los dos años siguientes. Cuando Rick supo que se realizaría una carrera 5K (cinco kilómetros) para recaudar fondos con el fin de ayudar a un atleta que había quedado paralizado en un accidente, le dijo a su padre que deseaba participar.

Dick, un teniente coronel jubilado de la guardia aérea nacional, frisaba los cuarenta años y no estaba en forma. Sin embargo, aceptó correr y empujar a su hijo en una silla de ruedas modificada. Dick recuerda que cuando cruzaron de penúltimos la línea de llegada su hijo tenía en el rostro «la sonrisa más grande que usted habría visto en su vida». Después de la carrera el muchacho escribió este simple mensaje: «Papá, me siento como si no fuera un minusválido». A partir de ese día sus vidas no volverían a ser las mismas.

Trabajo en equipo

¿Qué hace un padre cuando su hijo, quien siempre ha dependido de una silla de ruedas, dice que le gusta correr? Se convierte en sus manos y pies. Ese es el día en que nació el «Equipo Hoyt». Dick consiguió a Rick una silla de carreras más perfeccionada. Entonces el adolescente tetrapléjico y el papá fuera de forma comenzaron a correr juntos, y no casualmente. Al poco tiempo se decidieron a entrenar en serio, y en 1981 corrieron juntos su primer maratón de Boston. Desde entonces no se han perdido ese maratón en veinte años.

Después de cuatro años de correr maratones los dos decidieron que ya estaban listos para otro desafío: los triatlones, que combinan natación, ciclismo y atletismo. Ese no fue un desafío pequeño, especialmente porque Dick tendría que aprender a nadar. Pero lo hizo. Él explicó: «Rick es quien me ha motivado, porque si no fuera por él yo no estaría compitiendo. Lo que hago es prestarle mis manos y mis piernas para que él pueda estar allí compitiendo como cualquier otro».[6]

El triatlón Ironman de Hawaii está considerado como la carrera más difícil en el mundo. Consiste en tres etapas consecutivas: 3.850 metros de natación, 180 kilómetros en bicicleta, y una maratón completa de 42 kilómetros. Este es un terrible examen de resistencia para cualquier individuo. Dick y Rick compitieron en la carrera en 1989. En la parte de natación, Dick remolcaba un pequeño bote con Rick en él. Luego pedaleó los 180 kilómetros con Rick en un asiento sobre los manubrios de la bicicleta. Dick estaba agotado cuando llegó a la carrera a pie.

Sin embargo, es en estas situaciones en que contribuye la Ley de la Moral Alta. Lo único que Dick debía hacer era pensar en las palabras de su hijo:

Cuando estoy corriendo parece desaparecer mi incapacidad. Ese es el único lugar en que realmente me siento igual. Debido a toda la reacción positiva no me siento discapacitado en absoluto. Al contrario, me siento como la persona inteligente que soy y que no tiene límites.[7]

Nada duele cuando se está ganando. Al mantenerse corriendo, Dick estaría ganando para su hijo y eso hacía que valiera la pena todo el entrenamiento y el dolor. Dick cargó a Rick en su silla de carrera y se dirigieron a la línea de llegada del Ironman. Los dos terminaron la carrera en poco más de 13 horas y 43 minutos, un muy buen tiempo.

Desde entonces Rick obtuvo su título universitario y trabaja en la Universidad de Boston ayudando a diseñar sistemas de computación para personas con discapacidad. Por supuesto, aún compite con su padre, quien ahora tiene más de sesenta años de edad. En marzo del 2001 el equipo Hoyt ha terminado un total de 731 carreras. Han corrido 53 maratones y 135 triatlones, incluyendo cuatro con distancias como la de Ironman. Y se mantendrán corriendo. Dick afirma: «No hay nada en el mundo que los dos no podamos conquistar juntos».[8] Él sabe por qué lo dice. Por casi veinticinco años, él y su compañero de equipo han estado cosechando las recompensas de la Ley de la Moral Alta.

PENSAMIENTO DEL EQUIPO DE TRABAJO

Cuando usted lo hace bien, se siente bien;
cuando usted se siente bien, lo hace bien.

Cómo ser un mejor miembro del equipo

Si usted quiere recoger las recompensas de la Ley de la Moral Alta no puede esperar hasta que su moral sea alta para comenzar a actuar. Debe actuar dentro del sentimiento, no sentir dentro de la actuación. Empiece a desempeñarse en un nivel de excelencia apropiado para alguien que experimenta una temporada de triunfos. Su dedicación y entusiasmo le ayudarán en su rendimiento, y este comenzará a inspirar a algunos de sus compañeros de equipo.

Cómo ser un mejor líder del equipo

Si usted es un líder en su equipo debe comprender la clase de moral que su equipo está experimentando actualmente:

- *Moral escasa:* El equipo pasa una mala racha y está negativo.

- *Moral baja:* El equipo está haciendo algún progreso, pero no tienen unidad ni confianza.

- *Moral moderada:* El equipo está experimentando algunos triunfos y comienza a creer en sí mismo, pero se deben tomar algunas decisiones difíciles para llevarlo al nivel superior.

- *Moral alta:* El equipo está rindiendo en su potencial, está ganando y solo es necesario mantenerlo en la senda.

Una vez que usted haya determinado la etapa en que se encuentra su equipo, entonces aplique las pautas de este capítulo para que pueda llevarlo a la siguiente etapa.

LA LEY DE LOS DIVIDENDOS

La inversión en el equipo crece mucho a través del tiempo

E s uno de los más grandes forjadores de equipos en todos los deportes, sin embargo es probable que usted nunca haya oído de él. Observe estos impresionantes logros:

- Cuarenta temporadas consecutivas de básquetbol con por lo menos veinte triunfos

- Cinco campeonatos nacionales

- Primer puesto en su zona durante veinte de los últimos treinta y tres años

- 0.870 de porcentaje de triunfos en toda la vida

Su nombre es Morgan Wootten. ¿Por qué la mayoría de la gente nunca ha oído hablar de él? ¡Debido a que es un entrenador de básquetbol *de escuela secundaria!*

Cuando pedí el nombre del más extraordinario entrenador de básquetbol de todos los tiempos, la mayoría de las personas dijeron: Red Auerbach o John Wooden. No obstante, ¿sabe usted lo que John Wooden, el entrenador de UCLA llamado el Mago de Westwood, tiene que decir acerca de Morgan Wootten? Así se expresó: «La gente dice que Morgan Wootten es el mejor entrenador universitario de la nación. No estoy de acuerdo. No conozco un mejor entrenador en el ámbito colegial, universitario o profesional. Lo he dicho en cualquier parte y lo diré aquí: Siento un gran respeto por él».[1]

Esa es una recomendación muy firme del hombre que ganó diez campeonatos nacionales y entrenó a algunos de los jugadores más talentosos en el juego, entre ellos a Kareem Abdul-Jabbar. (A propósito, cuando Kareem estaba en el colegio, en la Academia Power Memorial, su equipo perdió un solo partido: ¡contra el equipo de Morgan Wootten!)

SIN PLANES DE SER UN FORJADOR DE EQUIPOS

Morgan Wootten nunca planificó entrenar un equipo. Fue un atleta aceptable en el colegio, pero nada especial. Sin embargo, era un excelente conversador. Su ambición al crecer era convertirse en abogado. Pero estudiando en la universidad, a los diecinueve años de edad, un amigo lo retó a que aceptara un empleo para entrenar niños de un orfanato en béisbol, un deporte del que sabía muy poco. El equipo no tenía uniformes ni material de equipamiento, y a pesar de trabajar duro perdieron todos los dieciséis partidos.

Durante esa primera temporada, una gran pasión nació en Wootten por esos muchachos. No pudo rechazar cuando ellos le pidieron que regresara y les enseñara fútbol americano. Además, había jugado fútbol en el colegio y sabía todo acerca de ese deporte. El equipo del orfanato ganó invicto el campeonato CYO [Organización católica para jóvenes, según sus siglas en inglés] de Washington, D.C. Pero aun más importante, Wootten comenzó a comprender que quería invertir su tiempo en los niños, no en casos legales.

Incluso ese primer año Wootten empezó a influir en la vida de los muchachos. Recuerda uno en particular que había comenzado a robar y la policía lo enviaba una y otra vez al orfanato. Describió al chico como alguien que ya tenía «dos strikes y medio en contra». Wootten hizo saber al muchacho que se estaba metiendo en problemas. Pero también lo tomó bajo su cuidado. El entrenador recuerda:

> Comenzamos a pasar tiempo juntos. Lo llevé a mi casa y probó las comidas de mamá. Pasó semanas con nosotros. Se volvió amigo de mi hermano y de mis hermanas. Aún está en Washington portándose muy bien y es conocido por muchas personas. Cualquiera estaría orgulloso de llamarlo su hijo. Llevaba una vida de crimen y prisiones, pero pudo haber sido peor, hasta que alguien le dio el regalo más grande que un padre puede darle a un hijo: su tiempo.

Darse a las personas de sus equipos es algo que Wootten ha hecho todos los años desde entonces. El entrenador de la NCAA, Marty Fletcher, ex jugador y asistente de Wootten, resumió así el talento de este último: «Su secreto es que hace sentir a cualquier persona como la más importante del mundo».[2]

SE CREA UNA DINASTÍA

No pasó mucho tiempo antes de que Wootten fuera invitado a convertirse en un entrenador asistente en una reconocida universidad local. Entonces con un par de años de experiencia en su haber llegó a ser el entrenador principal en la universidad DeMatha.

Cuando Wootten comenzó en la universidad en 1956, estaba tomando el control de muchos equipos perdedores. Reunió a todos los estudiantes de DeMatha que querían participar en deportes y les dijo:

> Muchachos, las cosas van a cambiar. Sé cuán malos equipos ha tenido DeMatha en estos últimos años, pero eso es tiempo pasado. Ganaremos en DeMatha y levantaremos una *tradición* de victorias. Comenzaremos hoy día ... Sin embargo, les voy a decir cómo lo haremos. Vamos a hacer un trabajo completo con todos lo equipos con que jugamos ... Con mucho trabajo, disciplina y dedicación, la gente va a oír de nosotros y nos van a respetar, porque DeMatha será un ganador.[3]

Ese año el equipo de fútbol americano ganó la mitad de sus partidos, lo cual era una hazaña. Fueron campeones de división en básquetbol y béisbol. Sus equipos han sido ganadores desde entonces. DeMatha se ha considerado por mucho tiempo como una dinastía.

Wootten fue inscrito el 13 de octubre del 2000 en el salón de la fama del básquetbol Naismith en Springfield, Massachusetts. En ese tiempo sus equipos habían acumulado un récord de 1.210-183. Con los años, más de doscientos cincuenta de sus jugadores han ganado becas universitarias. Doce jugadores de sus equipos universitarios pasaron a jugar en la NBA.[4]

No solo se trata de básquetbol

Sin embargo, ganar partidos y honra no es lo que más emociona a Wootten sino su inversión en los muchachos. Él dice:

> Los entrenadores en todo nivel a veces tienen la tendencia de perder de vista su propósito, especialmente después de que llega el éxito. Comienzan a poner el caballo detrás de

la carreta al trabajar más y más duro en el desarrollo de sus equipos, utilizando a sus muchachos para hacerlo; y se olvidan gradualmente que su propósito real debería ser el desarrollo de los muchachos, utilizando el equipo para hacerlo.[5]

La actitud de Wootten no solamente cosecha recompensas para un equipo sino para los individuos que lo conforman. Por ejemplo, cada uno de los muchachos de Wootten en cursos superiores, en un lapso de veintiséis años seguidos, tanto iniciadores como jugadores del banco, obtuvo una beca. El entrenador asistente Chuck Swenson, del Estado de Pensilvania, observó: «Aunque usted conozca a un muchacho que no es un gran jugador, si es jugador de DeMatha, él le ayudará con su programa. Con Morgan, usted sabe que está obteniendo un muchacho de calidad, que sacará buenas notas y trabajará duro para usted».[6] Gary Williams, entrenador principal de la Universidad de Maryland, dice: «Básicamente los jugadores de Wootten son tan atinados y hacen tantas cosas bien, que no podrían mejorar tanto como los muchachos de otros programas que no han recibido tan buen entrenamiento ... Ellos no son talentos sin pulir; son refinados».[7] Lo notable es que esto se dice de estudiantes de colegio, no de jugadores universitarios ni profesionales.

La inversión en el equipo crece con el tiempo. Morgan Wootten invierte en sus jugadores porque es lo que se debe hacer, y porque ellos le importan. Tal práctica ha hecho buenos a sus jugadores, triunfal a su equipo y notable su carrera. Él es el primer entrenador de básquetbol en haber ganado mil doscientos partidos en cualquier nivel. Desarrollar personas tiene su compensación de todos modos. Ese es el poder de la Ley de los Dividendos.

GRANDES INVERSIONISTAS

Usted ha leído a lo largo de los capítulos de este libro acerca de personas que se han dedicado a invertir en la gente de sus equipos. Esas inversiones pagan toda clase de magníficos dividendos. La inversión que Gordon Bethune hiciera en confianza ha dado como resultado mantener a Continental en el negocio y conservar el empleo de sus catorce mil empleados. La inversión de Bernie Marcus y Arthur Blank está pagando dividendos a los empleados que poseen acciones de Home Depot, incluyendo a mil empleados millonarios. La inversión

> *El tiempo, el dinero y el esfuerzo que se invierten en desarrollar a los miembros de un equipo no lo cambian de la noche a la mañana, pero siempre dan dividendos.*

de Jeff Skilling en Enron está pagando dividendos en la formación de nuevas iniciativas industriales por líderes en la compañía. Y la inversión de Lilly Tartikoff en las personas está pagando dividendos en la investigación sobre el cáncer. Generalmente el tiempo, el dinero y el esfuerzo que se invierten en desarrollar a los miembros de un equipo no lo cambian de la noche a la mañana, pero siempre dan dividendos. *La inversión en el equipo crece con el tiempo.*

CÓMO INVERTIR EN SU EQUIPO

Creo que la mayoría de las personas reconocen que invertir en un equipo beneficia a todos los que lo conforman. La pregunta para la mayoría no es *por qué* sino *cómo*. Permítame hablarle de diez pasos que puede tomar para invertir en su equipo. Usted puede implementar esas prácticas si es jugador o entrenador, empleado o empleador, seguidor o líder. Siempre hay alguien en el equipo que se puede beneficiar de lo que usted tiene para ofrecer. Y cuando todos en el equipo invierten, entonces los beneficios son como el interés compuesto. Se multiplican.

Comience invirtiendo en su equipo por medio de:

1. Tomar la decisión de forjar un equipo...Esto inicia la inversión en el equipo.

Se dice que todo viaje comienza con el primer paso. Decidir que las personas en el equipo son dignas de desarrollo es el primer paso en la formación de un mejor equipo. Eso exige *compromiso*.

> *Decidir que las personas en el equipo son dignas de desarrollo es el primer paso en la formación de un mejor equipo.*

2. Preparar el mejor grupo posible... Esto eleva el potencial del equipo.

Como ya mencioné antes, mientras mejor sea la gente en el equipo, mejor es el potencial. Solo hay una clase de equipo del que usted podría ser parte donde *no debe* salir y encontrar los mejores jugadores disponibles: la familia. Usted debe mantenerse fiel a esos compañeros de equipo en las buenas y en las malas. Pero todas las demás clases de grupos se pueden beneficiar de la contratación de las mejores personas disponibles.

3. Pagar el precio para desarrollar el equipo...Esto asegura el crecimiento del equipo.

Cuando Morgan Wootten se extendió a sí mismo para beneficio del muchacho con dos strikes y medio en contra, él y su familia tuvieron que pagar un precio para ayudar a ese chico. Esto no era conveniente ni cómodo. Les costó energía, tiempo y dinero.

Desarrollar su equipo le costará. Usted deberá dedicar tiempo que podría usar para productividad personal. Tendrá que gastar dinero que podría usar para beneficio personal. Y a veces deberá hacer a un lado su agenda personal. Sin embargo, el beneficio para los individuos, y para el equipo, vale la pena. Todo lo que usted da es una inversión.

4. Hacer cosas juntos como equipo...Esto da sensación de comunidad al equipo.

Una vez leí esta declaración: «Aun cuando usted haya jugado el partido de su vida, es la sensación de trabajar en equipo lo que recordará. Usted olvidará las jugadas, los lanzamientos y el marcador, pero nunca olvidará a sus compañeros de equipo». Esto describe la comunidad que se desarrolla entre compañeros de equipo que pasan tiempo haciendo cosas juntos.

> *Aun cuando usted haya jugado el partido de su vida, es la sensación de trabajar en equipo lo que recordará.*

La única manera de desarrollar comunidad y cohesión entre sus compañeros de equipo es reuniéndose con ellos, no solamente en un ambiente profesional sino también personal. Existen muchos buenos modos de que se conecte con ellos y de conectarse unos con otros. Muchas familias que desean vincularse descubren que la clave está en acampar. Los colegas comerciales pueden socializar (de modo adecuado) fuera del trabajo. El *dónde* y *cuándo* no es tan importante como el hecho de que los miembros del equipo compartan experiencias comunes.

5. Facultar a los miembros del equipo con responsabilidad y autoridad...Esto levanta líderes para el equipo.

El mayor crecimiento para las personas a menudo ocurre como resultado del sufrimiento y el error de la experiencia personal. Cualquier equipo que quiere que las personas suban a un nivel superior de rendimiento, y niveles superiores de liderazgo, debe darle a sus miembros tanto autoridad como responsabilidad. Si usted es un líder de su equipo, no proteja su posición ni acapare su poder. Entréguelo. Ese es el único modo de facultar a su equipo.

6. Dar crédito al equipo por el éxito...Esto levanta la moral del equipo.

Mark Twain dijo: «Puedo vivir durante dos meses con un buen cumplido». Así es como se sienten la mayoría de las personas. Ellas están dispuestas a trabajar duro si reciben reconocimiento por sus esfuerzos. Por eso Napoleón Bonaparte observó: «Un soldado peleará bastante y duro por un pedazo de cinta coloreada». Halague a sus compañeros de equipo. Fomente el valor de los logros de ellos. Y si usted es el líder, échese la responsabilidad pero no el crédito. Hágalo y su equipo siempre peleará por usted.

> «*Puedo vivir durante dos meses con un buen cumplido*».
>
> —MARK TWAIN

7. Velar porque la inversión en el equipo valga la pena...Esto da responsabilidad al equipo.

Cuando usted invierte dinero espera una devolución, tal vez no de inmediato, pero sí seguramente con el tiempo. ¿Cómo sabe si está ganando o perdiendo en esa inversión? Debe ponerle atención y medir su progreso.

Lo mismo se aplica a la inversión en individuos. Usted debe observar si está obteniendo devolución por el tiempo, la energía y los recursos que está poniendo en ellos. Algunos se desarrollan rápidamente. Otros son más lentos para responder, y eso está bien. Lo más importante que usted quiere ver es progreso.

8. *Dejar de invertir en jugadores que no crecen...Esto elimina pérdidas importantes al equipo.*

Una de las experiencias más difíciles para cualquier equipo es dejar a un compañero detrás. Sin embargo, por el bien de sus compañeros de equipo, eso es lo que usted debe hacer si alguien en su equipo se niega a crecer o a cambiar. Como ya mencioné en la Ley de la Cadena, eso no significa que usted ame menos a esa persona. Simplemente quiere decir que deja de pasar su tiempo intentando invertir en alguien que no quiere o no puede hacer que el equipo mejore.

9. *Crear nuevas oportunidades para el equipo...Esto permite al equipo extenderse.*

No existe inversión más grandiosa que usted pueda hacer en un equipo que darle nuevas oportunidades. Cuando un equipo tiene la posibilidad de ganar nuevo terreno o enfrentar nuevos desafíos, es necesario extenderse para alcanzarlo. Ese proceso no solo da al equipo una oportunidad de crecer sino que también beneficia a todos sus miembros. Todo el mundo tiene la oportunidad de crecer hacia su potencial.

10. *Dar al equipo la mejor oportunidad posible para triunfar...Esto garantiza grandes dividendos al equipo.*

James E. Hunton dice: «Juntarse es un comienzo. Mantenerse juntos es progreso. Trabajar juntos es un éxito». Una de las cosas más importantes que usted puede hacer es eliminar obstáculos para el equipo, de modo que este tenga las mejores posibilidades de trabajar unido para triunfar. Si usted es miembro de un equipo, eso podría significar sacrificio personal o ayudar a otros a trabajar mejor juntos. Si usted es un líder, eso significa crear un gran ambiente para el grupo, y darle a cada persona lo que necesita en un momento dado para asegurar el éxito.

Una de las cosas extraordinarias acerca de invertir en un equipo es que el esfuerzo casi asegura grandes dividendos, puesto que un equipo puede hacer mucho más que los individuos. Rex Murphy, uno de los asistentes a mis conferencias, me dijo: «Donde hay una voluntad hay un camino; donde hay un equipo hay más de un camino».

> *Donde hay una voluntad hay un camino; donde hay un equipo hay más de un camino.*

MI INVERSIÓN PERSONAL Y EL RENDIMIENTO

Una vez que usted ha experimentado lo que significa invertir en su equipo, nunca podrá parar. Me llena de gozo pensar en mi equipo (en cómo mis compañeros me añaden valor y cómo yo les añado valor). Y exactamente como aumentan mi inversión y el rendimiento de ellos, mi alegría continúa aumentando.

Valoro a todos en mi equipo, y si pudiera, le diría acerca de todas las personas que lo integran. Pero puesto que esto es imposible, quiero al menos ponerle al corriente de los jugadores claves en mi círculo íntimo:

- Larry Maxwell (54 años): Me ama incondicionalmente. Ha llevado al Grupo INJOY a un nivel totalmente nuevo. Hace preguntas grandiosas. Mantiene enfocado a nuestro equipo. Me protege. ¡Es mi hermano mayor!

- Margaret Maxwell (37 años): Me conoce muy bien y me ama mucho. Su asociación me ha permitido subir a un nivel superior. Nuestro viaje juntos es mi mayor alegría.

- Dan Reiland (19 años): Asesora a pastores con mi corazón y experiencia, unidos a su perspectiva como mi pastor ejecutivo por muchos años. Él es el mejor amigo de un pastor… ¡y mío!

- Dick Peterson (18 años): Está en todos los detalles de mi compañía. Si abro la puerta, él la cierra. Si empiezo una frase, ¡él la concluye!

- Tim Elmore (15 años): Enseña mejor que yo mi material sobre el liderazgo. ¡Me da mejor material de liderazgo que el mío!

- Linda Eggers (14 años): Conoce mis fortalezas y mis debilidades. Me representa muy bien. Responde mejor que yo las inquietudes del equipo... ¡y mucho más rápidamente!

- Charlie Wetzel (8 años): Desarrolla más vidas de personas que cualquier otro en mi equipo. Toma mis ideas, lecciones y bosquejos y los convierte en libros. ¡Estos multiplican!

- Dave Johnson (7 años): Administra los recursos del Grupo INJOY para extender su influencia en todo el mundo. Es un genio de las finanzas que me ama y me comprende.

- Kevin Small (7 años): Energía sin límites, potencial sin límites. Ve una oportunidad a un kilómetro de distancia. Me encanta verme reflejado en él. ¡El rendimiento a la inversión es enorme!

- Dave Sutherland (7 años): Mi favorito. Ese es el hombre. Gran pensador. Puede hacer crecer la compañía sin mí. Siempre hay una anotación cuando le paso la pelota.

- Kirk Nowery (5 años): Me representa muy bien, le encantan los pastores y las iglesias locales. Cada noche cuenta la historia de cómo podemos agregar valor por medio de ISS. Tenemos esa gran oportunidad todas las noches.

- Doug Carter (5 años): Le encanta hablar a otros de la misión de EQUIP (mi organización sin fines de lucro). Ayuda a negociantes a pasar del éxito a la realización. Me ha llevado a un nuevo nivel total.

Todo lo que hago en esta etapa de mi vida es un esfuerzo colectivo. Cuando empecé a dictar seminarios hacía de todo. Seguramente había otras personas ayudando, pero lo más probable es que al mismo tiempo que me disponía a hablar, me dedicara a empacar una caja y a enviarla. Ahora simplemente aparezco y enseño. Mi maravilloso equipo cuida de todo lo demás. Incluso el libro que usted está leyendo es un esfuerzo de equipo.

Mi equipo es mi gozo. No hay nada que no haría por la gente de mi equipo, porque ellos hacen todo por mí:

Mi equipo me ha hecho mejor de lo que soy.

Mi equipo multiplica mis recursos para el bien de otros.

Mi equipo me capacita para hacer lo que hago con excelencia.

Mi equipo me ha permitido disponer de más tiempo.

Mi equipo me representa donde yo no puedo estar.

Mi equipo provee un ambiente de comunidad que yo disfruto.

Mi equipo llena los deseos de mi corazón.

Si sus experiencias de equipo no son tan positivas como le gustaría, entonces es tiempo de aumentar su nivel de inversión. Forjar un equipo para el futuro es exactamente como hacer crecer una cuenta de ahorros. Esta podría empezar lentamente, pero lo que usted pone en ella le da un gran rendimiento, así como los intereses compuestos obran con las finanzas. Inténtelo y descubrirá que la Ley de los Dividendos funciona de verdad. *La inversión en el equipo crece con el tiempo.*

◆

PENSAMIENTO DEL EQUIPO DE TRABAJO

¿Está rindiendo beneficios la inversión que el equipo
ha hecho en usted?

CÓMO SER UN MEJOR MIEMBRO DEL EQUIPO

¿Está usted dando un buen rendimiento a la inversión que sus
compañeros de equipo están haciendo en usted? Piense en las
oportunidades que usted ha recibido y en las experiencias positivas de aprendizaje que ha tenido. ¿Las ha tomado con entusiasmo
o ha dejado que muchas de ellas se escapen?

Si usted ha sido displicente en perseguir oportunidades de
crecer, entonces cambie hoy sus actitudes. Crezca todo lo que pueda, y decida dar al equipo un gran rendimiento a la inversión que
él hace en usted.

CÓMO SER UN MEJOR LÍDER DEL EQUIPO

Como líder, usted más que cualquier otro, determina el ambiente de su organización y el hecho de que su gente esté invirtiendo en otros. Empiece por institucionalizar la inversión y hacerla
parte del ambiente de su organización. Estimule el crecimiento.
Separe tiempo y dinero para invertir en el equipo. Tome además
la responsabilidad de invertir en su núcleo de líderes. Mientras
más líderes tenga en el equipo y mientras más desarrollados estén,
mayores serán los dividendos.

EPÍLOGO

Muchas personas hablan de la química de grupo. Se oye mucho en deportes. Los analistas dirán: «Ese equipo seguramente poseía talento, pero no pudieron desarrollar la química. Por eso es que no rindieron de la manera en que todos esperaban».

Usted quizás se dio cuenta de que en este libro no existe la «ley de la química» y eso tal vez lo haya desilusionado. Sin embargo, permítame decirle por qué ese concepto no es una de las 17 leyes incuestionables del trabajo en equipo.

La química no es algo que usted pueda crear con habilidad o al implementar una técnica sencilla. Química es lo que se desarrolla cuando usted es capaz de implementar *todas* las leyes del trabajo en equipo. Mientras más leyes ponga en práctica, más química desarrollará su equipo. Cada vez que un jugador encuentra su lugar en el equipo, se crea una química positiva. Cada vez que un eslabón débil se reemplaza con un mejor jugador de la banca, se crea mejor química. Cuando un catalizador avanza hacia el trofeo y hace que se ejecute algo por vez primera, o cuando un líder descubre un modo de lograr que el equipo rinda en un nivel superior, se crea buena química. Cuando los jugadores finalmente cuentan unos con otros la química se hace mejor. Cada vez que el equipo asimila otra ley, la química se mejora y el equipo se hace más fuerte.

Espero que usted haya disfrutado las leyes. Más importante aun, espero que las leyes le ayuden a desarrollar el equipo de sus sueños. Adóptelas y fortalecerá a su equipo. ¡Se lo prometo!

NOTAS

Capítulo 1

1. Brandon Tartikoff y Charles Leerhsen, *The Last Great Ride* (Nueva York: Turtle Bay Books, 1992), p. 60.
2. "OncoLink: An Interview with Lilly Tartikoff", www.oncolink.upenn.edu.

Capítulo 2

1. Frye Gaillard, *If I Were a Carpenter: Twenty Years of Habitat for Humanity* (Winston-Salem, NC: John F. Blair, 1995).
2. "The History of Habitat", www.habitat.org.

Capítulo 3

1. "Bush Nominates Powell as Secretary of State", 17 diciembre 2000.
2. Colin Powell con Joseph E. Persico, *My American Journey* (Nueva York: Random House, 1995), p. 28.
3. Michael Hirsh y John Barry, "Leader of the Pack", *Newsweek*, www.newsweek.com, 25 diciembre 2000.
4. "Town Hall Meeting: January 25, 2001", www.state.gov.
5. "Packing Parachutes", extracto de cinta audio, www.charlieplumb.com.
6. "Charlie Plumb's Speech Content", www.charlieplumb.com.

Capítulo 4

1. "Mount Everest History/Facts", www.mnteverest.com.
2. James Ramsey Ullman, *Man of Everest: The Autobiography of Tenzing* (Londres: George G. Harrap and Co., 1955), p. 178.
3. Ibid., p. 250.
4. Ibid., p. 255.
5. Jim Lovell y Jeffrey Kluger, *Lost Moon: The Perilous Voyage of Apollo 13* (Boston: Houghton Mifflin, 1994), pp. 159-60.
6. W. David Compton, *Where No Man Has Gone Before: A History of Apollo Lunar Exploration Missions* (Washington, D.C.: NASA SP-4214, 1989).
7. Ullman, *Man of Everest*, p. 227.

Capítulo 5

1. "Quick Answers to the Most Frequently Asked Questions", www.oilspill.state.ak.us/history.
2. "Exxon's Appeal of the Valdez Oil Spill $5 Billion in Punitive Judgement", www.exxon.mobil.com.
3. Danny Cox con John Hoover, *Leadership When the Heat's On* (Nueva York: McGraw-Hill, 1992), pp. 69-70.
4. John Carl Roat, *Class-29: The Making of U.S. Navy SEALs* (Nueva York: Ballantine Books, 1998), p. 192.
5. Ibid., p. 7.
6. Ibid., p. 223.

Capítulo 6

1. "The President Suits Up for Practice", www.cbs.sportsline.com.
2. "The History of the 'I Have a Dream' Program", www.ihad.org.

Capítulo 7

1. Greg Farrell, "Building a New Big Blue", 23 noviembre 1999, www.usatoday.com.
2. "IBM Wants Business Partners to Focus on Growth", 2 marzo 1999, www.findarticles.com.
3. Farrell, "Building a New Big Blue".
4. Michelle Marchetti, "IBM's Marketing Visionary", *Sales and Marketing Management*, septiembre 2000, p. 55.
5. Proverbios 29.18, NVI.
6. Howard Schultz y Dori Jones Yang, *Pour Your Heart into It: How Starbucks Built a Company One Cup at a Time* (Nueva York: Hyperion, 1997), pp. 36-37.
7. Ibid., pp. 3-4.
8. Ibid., pp. 102.
9. Ibid., pp. 101.
10. Alex Frew McMillan, "Starbucks' Schultz on Being Big in Japan", www.cnn.com, 10 octubre 2001.
11. "Howard Schultz", *BusinessWeek*, www.businessweek.com, 14 enero 2002.
12. Schultz y Jones Yang, p. 200.

Capítulo 8

1. John C. Maxwell, *Actitud de vencedor* (Nashville: Grupo Nelson, 1997), p. 24.
2. Pat Riley, *The Winner Within* (Nueva York: Berkley Publishing Group, 1994), pp. 41, 52.

Capítulo 9

1. "Entrevista con Stacey Loizeaux".

2. John C. Maxwell, *Las 21 leyes irrefutables del liderazgo: Siga estas leyes y la gente lo seguirá a usted* (Nashville: Grupo Nelson, 2007), p. 71-72.

3. Barry J. Gibbons, *This Indecision is Final: 32 Management Secrets of Albert Einstein, Billie Holiday, and a Bunch of Other People Who Never Worked 9 to 5* (Chicago: Irwin Professional Publishing, 1996).

4. Colosenses 3.23–24.

5. Roat, *Class 29: The Making of U.S. Navy SEALs*, pp. 135-36.

6. "Statement of FBI Director Louis J. Freeh on the Arrest of FBI Special Agent Phillip Hanssen", www.fbi.gov, 20 febrero 2001.

7. Walter Pincus y Brooke A. Masters, "U.S. May Seek Death Penalty Against Accused Spy Hanssen", www.washingtonpost.com, 28 marzo 2001.

8. "Core Values", www.fbi.com, 30 marzo 2001.

9. "Statement of FBI Director Louis J. Freeh on the Arrest of FBI Special Agent Phillip Hanssen".

10. William A. Cohen, *El arte de ser líder* (Buenos Aires: Atlántida, 1990).

Capítulo 10

1. Stephen Franklin, "Founder a Force in Retail, Civic Affairs", www.chicagotribune.com 29 diciembre 2000.

2. "End of the Line", www.nytimes.com, 29 diciembre 2000.

3. "Historical Chonology—1925: Opening Retail Stores", 15 marzo 2001.

4. Allan Cox, *Straight Talk for Monday Morning* (Nueva York: John Wiley & Sons, 1990).

5. John C. Maxwell, *Las 21 cualidades indispensables de un líder: Conviértase en una persona que los demás quieren seguir* (Nashville: Grupo Nelson, 1999), pp. 134.

6. Robert Newall, "History Comes Alive in Valley Forge", www. vaportrails.com, 11 marzo 2001.

Capítulo 11

1. Michael D. Eisner con Tony Schwartz, *Work in Progress* (Nueva York: Random House, 1998), p. 171.

2. John Taylor, *Storming the Magic Kingdom: Wall Street Raiders and the Battle for Disney* (Nueva York: Alfred A. Knopf, 1987), p. 14.

3. Eisner, *Work in Progress*, p. 235.

4. "The Walt Disney Company Annual Report 2000: Financial Review", www.disney.go.com, 28 marzo 2001.

5. Adam Cohen, "eBay's Bid to Conquer All", *Time*, 5 febrero 2001, p. 48.

6. "Company Overview", http://news.ebay.com/about. cfm, 12 marzo 2001.

Capítulo 12

1. John Wooden con Jack Tobin, *They Call me Coach* (Chicago: Contemporary Books, 1988), p. 104.

Capítulo 13

1. Bernie Marcus y Arthur Blank con Bob Andelman, *Built from Scratch: How a Couple of Regular Guys Grew The Home Depot from Nothing to $30 Billion* (Nueva York: Times Business, 1999), pp. xvi-xvii.

2. "Company Information", www.homedepot.com, 11 abril 2001.

3. Marcus y Blank, *Built from Scratch*, p. xvii.

Capítulo 14

1. Gordon Bethune con Scott Huler, *From Worst to First: Behind the Scenes of Continental's Remarkable Comeback* (Nueva York: John Wiley and Sons, 1998), p. 4.
2. Ibid., p. 6.
3. Thomas A. Stewart, "Just Think: No Permission Needed", *Fortune*, 8 enero 2001, www.fortune.com.
4. Bethune, *From Worst to First*, p. 221.
5. "Return with Honor", *The American Experience*, www.pbs.org, 22 febrero 2001.

Capítulo 15

1. Mike Kahn, "Harris' Deletion No Surprise", www.cbs.sports-line.com, 24 febrero 1999.
2. Mike Rowland, *Los Angeles Magazine*, junio 2000, www.fin-darticles.com.
3. John Van der Zee, *The Gate: The True Story of the Design and Construction of the Golden Gate Bridge* (Lincoln, NE: Backinprint. com, 2000), p. 50.
4. Ibid., p. 42.
5. Craig A. Doherty y Katherine M. Doherty, *The Golden Gate Bridge* (Woodbridge, CT: Blackbirch Press, 1995), p. 17.

Capítulo 16

1. Johnette Howard, "True Grit", sportsillustrated.cnn.com, 24 julio 1996.
2. Ibid.
3. E. M. Swift, "Carried Away with Emotion", sportsillustrated. cnn.com, 8 diciembre 1996.
4. "Not Just the Wink of an Eye", www.strug.com, 30 marzo 2001.
5. David Tereshchuk, "Racing Towards Inclusion", www.tea-mhoyt.com, 14 marzo 2001.

6. "Father-Son Duo Are World Class Competitors, Despite Odds", www.cnn.com, 29 noviembre 1999.

7. Ibid.

8. Ibid.

Capítulo 17

1. Don Banks, "Teacher First, Seldom Second, Wootten has Built Monument to Excellence at Maryland's DeMatha High", *St. Petersburg Times*, 3 abril 1987, www.dematha.org.

2. John Feinstein, "A Down-to-Earth Coach Brings DeMatha to New Heights", *Washington Post*, 27 febrero 1984, www.dematha.org.

3. Morgan Wootten y Bill Gilbert, *From Orphans to Champions: The Story of DeMatha's Morgan Wootten* (Nueva York: Atheneum, 1979), pp. 24-25.

4. William Plummer, "Wooten's Way", *People*, 20 noviembre 2000, p. 166.

5. Wootten y Gilbert, *From Orphans to Champions*, pp. 12-13.

6. Feinstein, "A Down-to-Earth Coach Brings DeMatha to New Heights".

7. Ibid.

Acerca del autor

John C. Maxwell es un reconocido experto en liderazgo a nivel internacional, orador y autor que ha vendido más de 13 millones de libros. Sus organizaciones han capacitado a más de 2 millones de líderes en todo el mundo. El doctor Maxwell es el fundador de EQUIP y de INJOY Stewardship Services. Anualmente habla a compañías de la lista Fortune 500, líderes internacionales de gobierno y una variedad de públicos como la Academia Militar de Estados Unidos en West Point, la Liga Nacional de Fútbol Americano y los embajadores a las Naciones Unidas. Un autor de gran éxito de ventas de *New York Times*, *Wall Street Journal* y *Business Week*, Maxwell fue nombrado el mejor gurú de liderazgo en todo el mundo por Leadershipgurus.net. También fue uno de 25 autores y artistas nombrados para estar en la Sala de la Fama del Décimo Aniversario de Amazon.com. Tres de sus libros, *Las 21 leyes irrefutables del liderazgo*, *Desarrolle el líder que está en usted* y *Las 21 cualidades indispensables de un líder* han vendido cada uno más de un millón de ejemplares en inglés.

CPSIA information can be obtained at www.ICGtesting.com
Printed in the USA
LVOW041052240412

278903LV00005B/6/P